AQUARIUS

AQUARIUS

AQUARIUS

AQUARIUS

一些人物，
一些視野，
一些觀點，
與一個全新的遠景！

HEALTHY DEPENDENCY:
Leaning on Others Without Losing Yourself

適度依賴

懂得示弱，
學會從信任出發的勇敢

羅勃・伯恩斯坦博士（Robert F. Bornstein PH.D.）
瑪麗・朗古蘭博士（Mary A. Languirand PH.D.）◎著

石孟磊、歐陽敏◎譯

【推薦序】

真正的強大，來自於剛柔並濟，適度依賴

洪培芸（臨床心理師、《人際剝削》作者）

依賴議題，無所不在

在人際關係裡，你是依賴別人的人？還是被人依賴的人呢？這個問題很難回答。因為人生在世，不會只有一段關係，我們都處在許多關係裡，自然會有不同的依賴（或被依賴）面貌。甚至，即使是在同一段關係，也會隨著時間變化、面對主題的不同，而呈現出不同的依賴形式。

這本書的英文原名是《Healthy Dependency》，不僅在第一時間打中了我的心，更是直指所有人的關係議題。你是如何依賴別人？又是如何被人依賴？在這個鼓吹自我實現、獨立勇敢的時代氛圍裡，依賴如同軟弱的代名詞，更是明指暗示一個人不負責任的

說詞。但是，誰能永遠堅強？誰不需要休息？我們都只能成為無敵鐵金剛，永遠充滿正能量，時時備好上陣的彈藥，不能依賴，必須堅強，沒有一個地方歇息，修復心中的內傷；不能明白說出想要依賴，即使只是休息一下。

有真實的自信，方能處理關係裡的衝突，還有願意面對問題的勇敢。不然，我們寧願逃避到死去那一天；或者甘願當隻鴕鳥，不願意讓對方知道，也不要讓對方看見，原來自己的內心，希望你能靠近和了解，還有讓自己能卸下心防，適度依賴。

「依賴」兩個字，需要重新定義，更需要從「心」認識

如果依賴就是無能的標籤，就是不成熟的彰顯，那麼，沒有人敢承認，也沒有人敢自我揭露，因為我們在關係裡，都很脆弱。

我們都希望在伴侶面前，獨一無二，十分完美。

我們都希望在兒女面前，堅強果斷，願意跟隨。

我們都希望在朋友面前，聰明可靠，值得信任。

必須完美，其實是強大的反面。因為一丁點瑕疵，就足以粉碎完美的表面。所以，我們能不能看見與承認自己被人過度依賴的極限，以及自己在有些時刻，也需要依賴別人？

依賴，來自於信賴

抽絲剝繭來看「依賴」兩個字，其實它有一個很重要的核心，那就是對於這份關係的信賴。你可以試著想想看，我們不會隨隨便便去依賴陌生人，不只是因為我們臉皮薄，生性害羞，而是對方不一定可靠。跟他傾訴心事，結果他是大嘴巴；請託他幫忙重要的事，結果不找他還好，找了他反而搞砸。

所以，能夠依賴的關係，其實是有「信任」作為核心。因為信任，讓這份關係多麼珍貴，要用正確的方式珍惜。而不是放任過度依賴，成為侵蝕關係，進而讓它變質的種子。

也因此，我們能不能適度地依賴他人，依賴得剛剛好，卻又不失去自我，正是這本書最值得閱讀之處。用它來幫助自己，面對依賴與被依賴，學會自處，還有好好相處。

過度依賴，原來有三種類型——

「敵意型」過度依賴：恐怖情人，你要小心。

「隱藏型」過度依賴：迂迴曲折，沒病裝病。

「衝突型」過度依賴：時有時無，捉摸不定。

過度依賴讓人無所適從。你們的關係相當緊密，好的時候甜甜蜜蜜，不好的時候如履薄冰。這是一種對方一直跟你討安全感，但是你怎麼給，卻永遠填不滿，如同無底洞的關係。

過分疏離，原來也有三種類型——

無止境地追求：永遠都是你在主動靠近。

情感隔離：你很努力，卻進不了他的心裡。

抗拒親密：在你身邊，卻是最遙遠的距離。

過分疏離讓人失望灰心。你很努力經營，但是你們的關係就像是隔了一層紗，或者是一道牆。他不是若即若離，而是永遠都跟你保持一個，他覺得很安全，你卻覺得很疏離的距離。

高品質人際關係，都具備了：開放和真誠、關心和體貼、安全感和信任

我們都渴望擁有良好的人際關係，而高品質的人際關係指標，就是在需要與被需要之間，也就是依賴與被依賴之間，能夠游刃有餘。能夠開放自己，內外真誠一致的人，

在需要別人幫助時，才能夠相信對方，交付自己，將自己的心事及煩惱說出來，主動尋求依賴及協助。

學會求助，才能讓你變得真正的強大

不求助的人，往往是不夠了解自己的人。如果問題輕薄短小，不需要求助，自己來就好，那倒也罷。但如果問題是排山倒海的巨浪，是平時不太可能遇到，但是一遇到就可能被一口吞掉的大白鯊，卻還不求助，那就是低估了問題的難度，還有高估了對於自己的認識程度。

假性強大的人，內在往往是空包彈。他看起來很強，甚至自己也以為很強。可是，那只是虛張聲勢，因為他很怕被輕視，他有很多假想敵，所以他用三倍以上的心力及能量去對抗。直到壓力超過負荷，徹底崩潰後，才發現徒勞一場。我們都需要學習持續了解真正的自己，開始卸下一層又一層偽裝，還有武裝，然後你才做得到沒有負擔地開口找人幫忙。

求助，無須自責，更無須自貶

人生在世豈能無風無浪？哪有一帆風順的人生？多半是人前光鮮，人後暗自垂淚，萬分辛苦。可是都已經這麼難受了，都這麼不好過了，多數人還是不好意思求助、不能勇於求助，甚至連自己已經瀕臨崩潰的臨界值了，警示燈響起，訊號頻頻，仍是埋頭苦撐，不能適度依賴，以為自己承受得住。求助不代表能力不足，也不等同於不負責任，反而是因為你看到自己的能力極限，透過求助讓任務能順利完成，同時也沒有過度犧牲。

適度依賴，你們就是最強大的隊伍

在親密關係裡，能夠放心地自我揭露，能夠安全、如實地做自己，並且在需要時，請對方協助。彼此是最可靠的夥伴，也是最強大的隊伍。

了解適度依賴，還有學會適度依賴，你從此改變了認識自己的方式，你也會跟著調整對待別人，與人相處的方式，重新建立起關係裡的正向循環。因為真正的強大，來自於剛柔並濟，適度依賴。

【前言】學會求助，可以讓你變得更強大

沒有人是一座孤島，在大海裡獨踞；
每個人都像一塊小小的泥土，連接成整片陸地。
——英國詩人約翰．唐恩（John Donne，一五七二—一六三一）
摘自〈沉思第十七篇〉（Meditation XVII）

學會求助，可以讓你變得更強大。

我們的社會普遍認為依賴他人等於自己無能。「成熟的」大人應該能夠在這個複雜、充滿挑戰的世界上，獨自處理好每一件事。這種看法實際上是錯誤的。

「適度依賴」是本書的主旨。

適度地依賴？這個詞聽起來如此生疏。我們已經很難去依賴別人，而不覺得自己就像個沒用的六歲小孩。

心理師告訴我們：為了讓自己更快樂，我們必須長大，變強。我們必須學會自力更生，永遠獨立自主。我們被告知，「成熟」意味著保護和照顧自己，我們自己的戰鬥不需要任何人施以援手。「依賴不好」這個錯誤的觀念，來自精神健康領域，他們本該教我們如何讓人與人之間更親近，結果反而使我們遠離了彼此，這種錯誤觀念嚴重影響了真正有品質的親密關係建立。

大約在二十年前，我們剛成為心理學工作者的時候，也接受了同樣的教導。然而，在研究和臨床工作中，我們愈是深入地探索這個問題，就愈肯定這條簡單的真理：為了生活幸福，我們每個人都必須重新掌握原本存在於我們身上的「依賴」，學會平衡親密與自主，請求幫助而不感到無能，與其他人建立連結，而不在這過程中失去自我。

重建「適度依賴」，包括改變你看待自己和他人的方式。當你的思考模式改變時，感受會隨之改變，你的人際關係目標也會隨之改變，你將會發現自己可以請求幫助，同時仍然充滿自信和力量。

但是，一切都要從改變你的想法開始。

我們已經將適度依賴的原則運用在教學和臨床工作中多年，也將這些原則運用於家庭與婚姻、友誼和事業。我們知道哪些策略有效，哪些無效。我們設計了走向適度依賴的改變方法，你可以依自己的步調前進，基於自身現有的優勢，探索新的領域。我們的「適度依賴改變方案」包括以下四個步驟。

第一步：了解你的關係類型，以及它是如何形成的

你必須從這裡開始，因為要成長，要擁有更健康、更令人滿意的人際關係，「誠實地看待自己」是第一步。

第二步：學會如何因應他人的過度依賴和疏離

即使你想改變，但是其他人未必跟你一樣。你需要知道其他人是如何挑起你的情緒，使你做出自己不喜歡的反應。

第三步：將適度依賴運用在生活的各方面

一旦掌握了基本原則，你就能夠將適度依賴的技巧運用到愛情、友誼、家庭、子女和職場。

第四步：以適度依賴來因應生活中的挑戰

你無法預測生活會帶給你何種挑戰，但無論如何，適度依賴會幫助你度過難關。

在正式開始看這本書之前，我們還要提醒你注意：當你運用「適度依賴改變方案」來學習、成長時，要記住：變化是一個不可預測的過程，充滿了意料之外的收穫和令人沮喪的倒退。如果你犯了錯或者進步得不如想像中快，別因此懲罰自己。真正的改變——深層的改變是一個艱難的過程，從來不會一帆風順。只要堅持下去，你就能到達。

記得，無論你的進展有多快，適度依賴是一段畢生的修練，因此，就先享受它吧！

羅勃・伯恩斯坦博士

瑪麗・朗古蘭博士

目錄

Contents

適度依賴

懂得示弱，學會從信任出發的勇敢

第二章 不滿的根源：我們是如何隔絕了彼此

目錄 Contents

第三章 「關係遊戲」和「關係陷阱」：識別及因應

第四章 愛情中的適度依賴

適度依賴

懂得示弱，
學會從信任
出發的勇敢

目錄
Contents

第七章 成為適度依賴的父母

適度依賴

懂得示弱，

學會從信任

出發的勇敢

第八章 職場的適度依賴

第九章 困境中適度依賴，讓我們更強大

目錄

Contents

第一章 適度依賴

改變你的人際關係類型

適度依賴意味著充分信任別人，
打開心坦露自己脆弱的一面，
同時有足夠的自信去處理關係中的衝突，
這種衝突是每個人都會經歷的。

太疏離的姊姊愛倫，與太依賴的弟弟麥克

愛倫和麥克姊弟倆的個性截然不同。

愛倫比較強勢，一切都是她說了算。高中畢業時，她代表畢業生致詞。二十年過去，如今她擁有自己的網路行銷公司，擔任總經理，底下有三十名員工，辦公室俯瞰著曼哈頓中心區，兩面臨窗。事業就是愛倫的生命，其他的（包括婚姻）都被她遠遠地甩在腦後。

過去的二十年間，許多事都變了，不過，有兩件事情從來沒變：每個人都敬佩愛倫，尊重她的能力和洞察力，然而，沒有一個人覺得自己真正理解她。愛倫遙不可及，無法接近。

愛倫知道有多少人在仰望著她，並從中感到滿足。可是，當一天工作結束，夜深人靜，心防卸去，有時她會覺得失落，甚至空虛，好像莫名地失去了什麼。但她從未流露過這種感覺，哪怕是對著丈夫。相反地，她總是設法擺脫它們，去控制，並以強大的意志力擊碎。隔天早上埋首於工作時，難受的感覺就都消失了，她又成為那個大家都景仰的愛倫——堅強、能幹、專注，掌控一切。

這麼多年來，麥克已習慣姊姊的孤僻，但是，他希望自己不要像姊姊。他和愛倫一樣，也有成功的事業，不過對他來說，職場上最重要的部分是人。大多數時候，他都在想別人是怎麼看自己的。他花了許多時間計劃要做的事情，好讓上司沃斯先生印象深刻，然而，不管計劃得再詳盡、做得再好，他從來沒有真正感到過踏實，任何一點微不足道的小事都會使他驚慌失措。有一天，沃斯先生經過他身旁，沒有跟他說早安，麥克為此失眠了兩天，他在床上輾轉反側，為此苦思，最後肯定老闆一定是討厭他了。

在家裡的情況也差不多。麥克的妻子凱瑟琳有一次說，他怕女兒勝過女兒怕他。凱瑟琳講得對，這一點他也承認。一般情況下這沒什麼，凱瑟琳在家扮黑臉，麥克扮白臉，倒也相安無事。但是兩個星期以前，有一天，凱瑟琳加班晚回家，麥克禁不起女兒金柏莉懇求便讓她去朋友家玩，到了該睡覺的時間，金柏莉還沒回家，而那個朋友家離得滿遠，在城市的另一頭。金柏莉回家時已經凌晨一點了，麥克和凱瑟琳都覺得一定發生了什麼，比如車壞了，甚至可能是更糟糕的事情。那一次，凱瑟琳大怒，麥克也覺得很慚愧，兩人都意識到彼此需要做些改變。

怎樣是適度依賴？

「怎樣是適度依賴？」許多人都問過我們這個問題，包括學生、案主（患者）、做研究的同事、科學專欄作家與記者等。

第一次聽到「適度依賴」這個詞，大家都覺得很奇怪。「適度」和「依賴」？兩者根本搭不起來。絕大多數人都避免去依賴別人。我們寧願自力更生，自己的事情自己做。我們一直受到這樣的教育：獨立是好的，依靠別人的幫助是不好的。

真的是這樣嗎？

研究結果很清楚：在人際關係中，太多的依賴會造成問題，但是太少的依賴也照樣不好。為了在競爭激烈的社會上爭得一席之地，展現自身價值，許多人走得太遠了，像愛倫一樣變得太獨立，而失去了與其他人建立關係的能力；或者像麥克一樣，一味地順從別人而變得過度依賴，就像我們在故事裡所看到的，這種過度依賴也是要付出代價的。

在僵化的獨立與有害的過度依賴之間，確實存在一個適度的中間地帶。**「適度依賴」是這樣一種能力：讓你融合親密和自主，在依靠他人的同時仍保有強大的自我意識，並且在需要時樂於請求別人的幫助，而不覺得自責。適度依賴意味著充分信任別人，打開心坦露自己脆弱的一面，同時有足夠的自信去處理關係中的衝突，這種衝突是每個人都會經歷的。**

運用適度依賴的方式與人相處時，你會發現，你擁有自己從未意識到的潛能。愛情和友情都

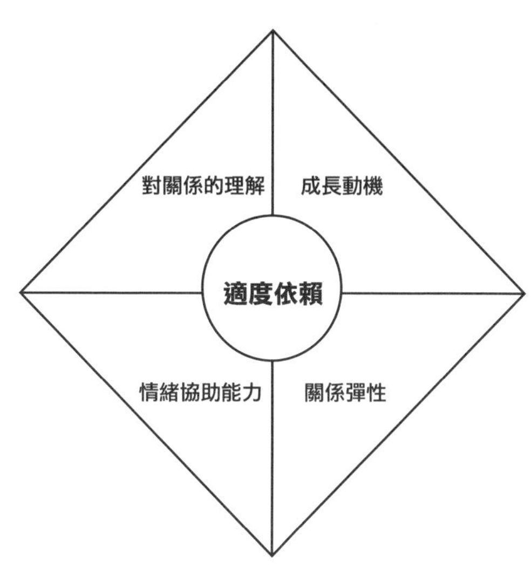

圖一　適度依賴的四個關鍵技巧

對關係的理解、情緒協助能力、成長動機與關係彈性，這些是適度依賴的基礎。

會加深，你將更懂得如何為人父母，職場上的能力也會得到提升，你的身體變得更健康，人也變得更快樂。

掌握適度依賴的四個關鍵技巧，更自信、更幸福

我們曾經對一組年輕人進行一系列的性格測驗和其他心理測試，主要涉及他們在愛情、友情與家庭關係方面的情況，調查內容包括：他們的心境、對未來的信念、對生活的總體滿意度，以及遇到困難時向他人傾訴的欲望等。據此，我們總結出了每個人的「依賴類型」。

研究結果非常明確：最快樂、對生活滿意度最高、適應性最好的，就是表現出適度依賴特點的人。他們在

親密與自主之間達到平衡，自信，同時也信任他人。最重要的是，適應性良好。能夠做到適度依賴的人，可以向他人求助而不會自責、羞愧，或者覺得自己無能。

偶爾想要依賴並沒有什麼錯，這很平常。之所以產生問題，是因為人們缺乏一些關鍵的適度依賴技巧，因而會以一種不適度的方式來表達正常的依賴需求，結果適得其反，造成人際關係變得不平衡，無法帶來滿足感，生活也失去了重心，變得不如意。

看完這本書之後，你將能好好掌握適度依賴的四個關鍵技巧（上頁圖一），並重新建立適度依賴的關係。你需要做到這四點。

對關係的理解：把「你所做的事情」和「你的人」區分開來

每一個人都需要幫助，但是在不適度的依賴模式下，我們把求助和無能搞混了。記住：「求助」是你在做的一件事情需要幫助。當你開始將「人的行為」和「人」本身區分開來，在需要協助時尋求別人的幫助就會變得簡單一些，而且當別人拒絕幫助你的時候，你也比較好接受。我們把這個叫作「對關係的理解」，這是適度依賴的關鍵技巧之一。

情緒協助能力：打破刻板印象，明白「求助」和沒有安全感、不成熟、失敗無關

求助有很強的象徵意義。我們常把求助和沒有安全感、不成熟、失敗連在一起，向別人伸手時，我們會覺得自己無能，有時候也有自責感、羞愧感。健康的依賴，需要打破這些舊有的刻板印象，創造出新的、更適度的情緒模式來代替。這樣做的時候，你就發展出了情緒協助能力：依靠他人時，仍然覺得自己能幹、自信，如此便能從他人的幫助中獲得力量。

成長動機：「依賴」是學習和成長的一種手段，而不是目的

在不適度的依賴關係中，「獲得幫助」本身就是目的，一旦得到你想要的，整件事就結束了，多容易。但是在適度依賴關係中，別人的協助是讓自己變得更強大的途徑，為了下一次能做得更好。在不健康的依賴關係中，我們求助是為了逃避挑戰；而在健康的依賴關係中，我們求助是為了學習和成長，我們稱為「成長動機」，也就是適度依賴的第三個關鍵技巧。

適度依賴

適度依賴是這樣一種能力，讓你融合親密和自主，在依靠他人的同時仍保有強大的自我意識，並且在需要時樂於請求別人的幫助，而不覺得自責。

關係彈性：學習如何求助，讓別人更愉快地幫助你

適度依賴意味著知道如何尋求幫助和支持，使別人在伸出援手時會感到愉快，而不是覺得被套住了。適度依賴也意味著知道何時求助，也就是學會分辨：在哪些情況下應該尋求他人相助，在哪些情況下應該自己獨立處理。這個技巧叫作「關係彈性」，幫助你將適度依賴的模式運用到所有人際關係中。

自我挫敗的關係模式，讓我們「隔絕」了彼此

我們在第二章將提到，許多生活經驗影響了我們對自我和他人的感知，使得我們很難學會適度依賴的這四個關鍵技巧。這些經驗使得我們跟其他人「隔絕」了，甚至使我們自己的一部分與另一部分彼此隔絕。

未形成健康的依賴模式時，人們常發展出一到兩種自我挫敗的關係模式。有些人（像麥克）發展出以害怕和不安全感為特點的關係模式，這種關係模式就是所謂「消極的過度依賴」。其他人（像愛倫）走到了另一個極端，發展出一種防衛性的、自我封閉的關係模式，這種模式就是「障礙性疏離」。

你或許也想到了，人們可能會藉由各種不同的方式，表現出消極的過度依賴或障礙性疏離（我們將在第二章詳細討論）。現在，讓我們來看看這些自我挫敗關係模式的核心特徵（圖二）。

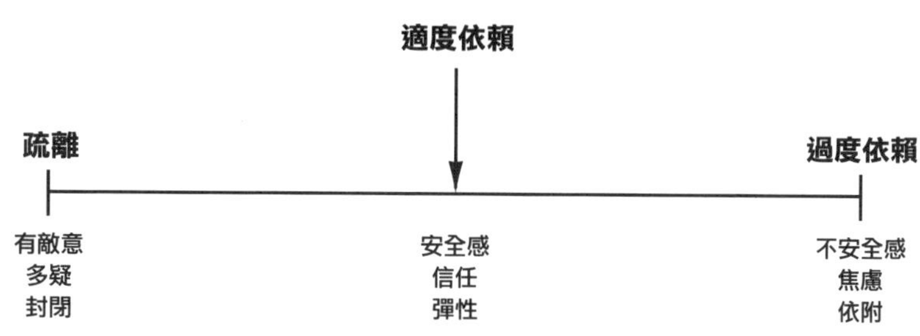

圖二 關係特徵圖

如圖所示，適度依賴介於「消極的過度依賴」與「障礙性疏離」之間。

消極的過度依賴：依附性的關係類型

我們把消極的過度依賴稱為「依附性的關係類型」，因為過度依賴者總是藉由依附他人來逃避生活的挑戰。過度依賴者覺得自己很脆弱，容易受傷，認定若沒有一個強而有力的守護者，自己就活不下去。他們最害怕被拋棄，孤伶伶地留在這個可怕而充滿敵意的世上自生自滅。

過度依賴者總是努力與他人保持連結，不管會付出什麼代價。生活因而變成一系列不健康的依賴，對愛人和朋友，對同事跟上司，對醫師與專家……永無終止。甚至在面對別人的輕視和傷害時，過度依賴者也很難（有時候甚至不可能）放棄依賴。他們的自尊受到了傷害，引發一連串惡性循環：**過度依賴者愈是過度依賴，就愈自卑；愈自卑，就變得愈依賴。**

適度依賴，能提高學習成就

一九九四年，我們的發現震驚了理論界與臨床研究領域：有適度依賴技巧的大學生學習成績比缺乏這些技巧的學生好得多。適度依賴與好成績是如何連結起來的呢？適度依賴的學生能好好融合「信任他人」與「自信」，便能依靠老師但不依賴，他們樂於向老師求助而非自責，並且能以適當的方式求助，然後運用這些幫助來學習更多新技能，因而，總平均成績提升了百分之十八。

在這個過程中，適度依賴的四個技巧是如何產生效果呢？

●**對關係的理解：**適度依賴的學生能夠理解，求助不代表無能和失敗。

●**情緒協助能力：**適度依賴的學生不會把求助與失敗相連，樂於求助而不會自責。

●**成長動機：**適度依賴的學生能夠正確地運用他人的協助，讓自己表現得更好，從幫助中得到學習和成長。

●**關係彈性：**適度依賴的學生知道何時該求助，也知道如何求助。他們不僅得到了所需的幫助，並透過在此過程中表現出的學習興趣與上進心，讓老師對自己印象深刻。

障礙性疏離：保鮮膜式的關係類型

我們把障礙性疏離稱為「保鮮膜式的關係類型」，因為疏離者不會讓任何東西貼近自己，就像是裹著一層保鮮膜。不管你多麼努力，你都無法接近疏離者。他們拒人於千里之外，不是在身體上，而是精神上。如果你企圖有什麼行動來消除你們之間的隔閡，哪怕只是靠近一點點，他們都會立刻找到辦法離你遠遠的，回到一個讓他們覺得安全的距離。

疏離者覺得別人靠不住，也不值得信賴，他們相信一切都要靠自己。他們的人際關係都是膚淺的、公式化的，必須在他們的掌控之下。疏離者表面上看起來非常堅強、極度自信，但是這些表象都是騙人的。在北美、歐洲、澳洲和亞洲進行的研究，都有力地證實了類似的結論：**儘管疏離者看起來堅強、自信，但是在內心深處，他們覺得孤獨、寂寞而悲傷。**

適度依賴能藉由學習獲得嗎？

簡單地回答就是：能，絕對能。不管是什麼導致你失去了適度的依賴，也不管你現在處於何種自我挫敗的關係類型，你都能夠學會適度依賴。也就是說，在現有的人際關係中，掌握這四個關鍵技巧：對關係的理解、情緒協助能力、成長動機和關係彈性。可能一開始有點太難了，但是請放心，這四個技巧之間的關係密切，一旦你在某方面開始改變，其他方面也會慢慢跟著改變，只是剛開始較難而已。

檢測你的關係類型

通往適度依賴的第一步：你必須了解自己目前的關係類型，就能知道接下來要關注和改變的重點是什麼。

左頁的「關係類型檢測」，有助於你了解自己的關係類型。若你有足夠時間，找個安靜處，確證自己不會被打斷，希望你能花個十五分鐘做做這項測驗。

假如你覺得已經知道自己的關係類型了，這項檢測對你同樣有幫助，它能告訴你，與其他做過此項檢測者相比，你處於什麼位置。

做這個測驗的唯一原則是：誠實地回答每一個問題。測驗結果是給你自己看的，而不是給別人。

關係類型檢測

請用 1 ～ 5 分對下列陳述打分數。
若某個描述特別符合你的情況，請選擇高分，比如 4 ～ 5 。
若某個描述根本就不符合你的情況，請選擇低分，比如 1 ～ 2 。

【陳述】	【評分】 完全不符合				非常符合
（1）我好像沒有別人那麼有自信。	1	2	3	4	5
（2）我很容易因為別人的批評而受到傷害。	1	2	3	4	5
（3）承擔責任會讓我覺得緊張。	1	2	3	4	5
（4）有其他人負責的時候，我感覺舒服得多。	1	2	3	4	5
（5）別人意識不到他們的言詞對我的傷害有多深。	1	2	3	4	5
（6）別人喜歡我，這一點對我來說很重要。	1	2	3	4	5
（7）討論問題時，我寧願放棄自己的意見維持一團和氣，也不願堅持己見而贏得一場爭論。	1	2	3	4	5
（8）別人當領導者的時候，我最開心了。	1	2	3	4	5
（9）跟別人發生爭吵時，我會擔心我們的關係就此結束了。	1	2	3	4	5
（10）有時候，我會同意一些自己並不認同的事情，這樣別人才會喜歡我。	1	2	3	4	5
（11）別人向我索求得太多了。	1	2	3	4	5
（12）當別人太接近的時候，我會退縮。	1	2	3	4	5
（13）有時我需要一個人待著。	1	2	3	4	5
（14）我希望自己能有更多時間獨處。	1	2	3	4	5

【陳述】	【評分】				
	完全不符合				非常符合
(15) 我喜歡自己做決定，而不是聽從別人的意見。	1	2	3	4	5
(16) 我不想洩露太多個人資訊。	1	2	3	4	5
(17) 有時候我會很提防別人的動機究竟是什麼。	1	2	3	4	5
(18) 一個人工作的時候，我最開心。	1	2	3	4	5
(19) 保持獨立、自力更生，對我來講非常重要。	1	2	3	4	5
(20) 當情況變得糟糕時，我會隱藏自己的感受，做出堅強的樣子。	1	2	3	4	5
(21) 我相信，大多數人的本質都是好的，是善良的。	1	2	3	4	5
(22) 我願意跟熟悉的人分享內心的想法和感受。	1	2	3	4	5
(23) 尋求他人幫助的時候，我覺得很自在。	1	2	3	4	5
(24) 我不擔心別人是怎麼看我的。	1	2	3	4	5
(25) 我的大多數人際關係裡都有相互的付出和索取，每個人都彼此分享。	1	2	3	4	5
(26) 我對目前的人際關係非常滿意，哪怕我能夠，我都不會去改變。	1	2	3	4	5
(27) 我覺得我是一個有能力的人，能夠很好地面對失敗和挫折。	1	2	3	4	5
(28) 其他人需要幫助的時候，我會自然地提供幫助，當我需要的時候，我也會很自然地尋求幫助。	1	2	3	4	5
(29) 當我跟某人吵翻了，我也有自信，我們的關係不會破裂。	1	2	3	4	5
(30) 我很容易信任別人。	1	2	3	4	5

發現你的關係類型

你的教養方式

關係類型檢測能得出三個分數：
一個是消極的過度依賴，一個是障礙性疏離，一個是適度依賴。

「過度依賴」的分數，是第（1）題～第（10）題的總分。
「疏離」的分數，是第（11）題～第（20）題的總分。
「適度依賴」的分數，是第（21）題～第（30）題的總分。

→算出這三個總分，填到下面的橫線上。

過度依賴得分：
疏離得分：
適度依賴得分：

發現你的關係類型

為了得出你的關係類型，在下頁圖三的適當位置標三個點：

一個點是過度依賴的分數。
一個點是疏離的分數。
一個點是適度依賴的分數。

然後畫一條線把這三個點連起來，這就是你的關係類型。

【記住】
三個尺標的含義是不一樣的，所以從現在開始，忽略你的分數，而是關注你的分數在每個尺標上跟平均分數相比所處的位置。
這個特徵圖給你一個直觀的描述，告訴你跟其他做過測驗的人相比，你的分數是高還是低。

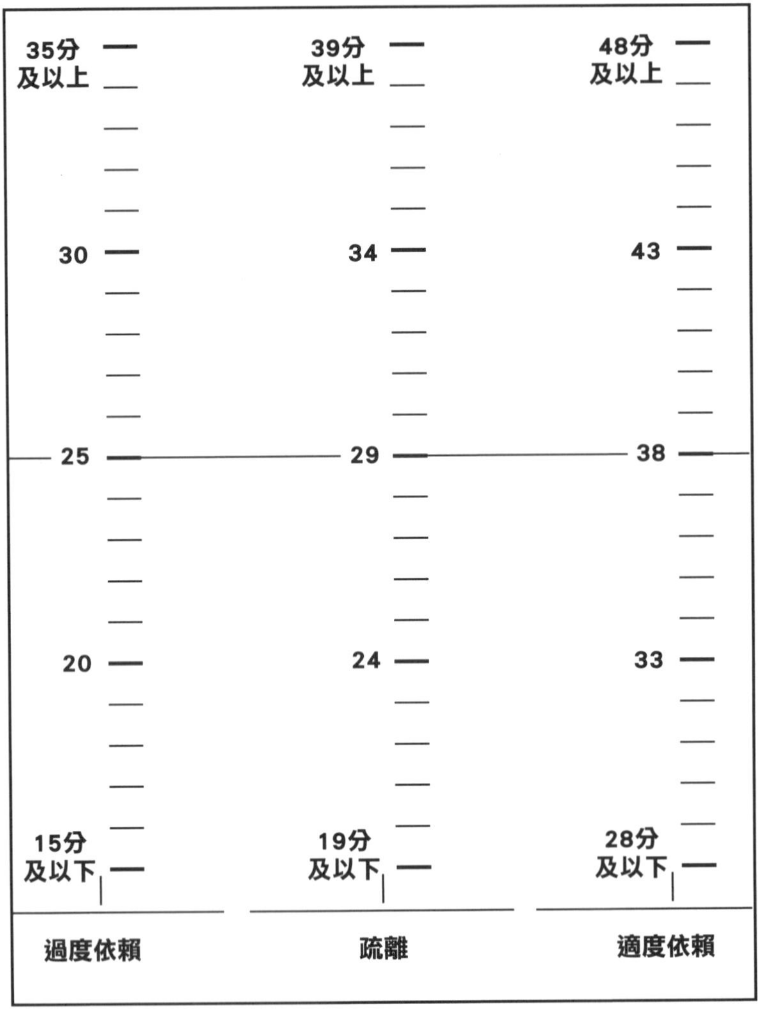

35分
及以上
30
25
20
15分
及以下
39分
及以上
34
29
24
19分
及以下
48分
及以上
43
38
33
28分
及以下
過度依賴
疏離
適度依賴

圖三　發現你的關係類型

完成了關係類型檢測後，將分數填到右頁的分數線上。這個分數線是告訴你，如何畫出你的關係類型圖。畫完之後，花一點時間熟悉你的類型圖。接下來，是一些常見的問題與小提示。

Q：在所有做過關係類型檢測的人之中，我處於什麼位置？

圖三中間的一條黑線，代表每種人際關係類型的平均分。若你的某個分數位於平均線以上，表示你在此關係類型上高於平均。你的分數愈高，對應的關係類型就愈明顯。所以，不要再用「是」或「否」來衡量你的某個關係類型，它是程度問題。關係類型檢測不僅告訴你，你是過度依賴還是疏離的類型，並讓你知道自己過度依賴或者疏離的程度，也就是說，在學會適度依賴的路上，你還有多少路要走。

Q：為什麼關係類型檢測中，每個類型的平均分數不一樣？

因為人們在不同選項上的答案是不一樣的，每個類型的平均分也就不同。整體來看，過度依賴的平均得分是二十五分，疏離的平均得分是二十九分，適度依賴的平均得分是三十八分。理解你的關係類型時，要拋開實際得分，關注跟每個類型的平均分比起來，你是高還是低。

Q：檢測出的關係類型跟我自己想的不一樣，這是怎麼回事？

檢測出一種意外的關係類型，可能是你沒有認真考慮過自己的關係類型，而這是你第一次認真地分析。

也可能是你迴避了人際關係中，某些讓你覺得不舒服的地方，你把它們從意識中清除了，這樣就不用去想不舒服的事情。若是如此，請你振作起來。你正開始學習重要的事。「自知」，是成長和自我改變的第一步。

Q：我不只一個類型得高分，有可能既過度依賴又疏離嗎？

許多人不只一個類型得了高分，這通常意味著，他們在不同的人際關係中，運用了不同的關係類型。比如說，有人對父母是疏離的，對伴侶則是過度依賴；有人在家裡很疏離，但是在工作上並非如此。若你也是混合型，別擔心，同時擁有過度依賴與疏離的一些特質是很常見的。

Q：我既不過度依賴，也不疏離，適度依賴對我還有意義嗎？

這取決於你長遠的人際關係目標。若你既不過度依賴，也不疏離，那麼適度依賴也對你有兩個作用。第一，它能幫助你強化你現有的適度依賴技巧，使這些技巧更有效。第二，它能幫助你更適切地面對周圍的過度依賴者或疏離者，比如愛人、孩子、兄弟姊妹、朋友與同事等。

Q：若我周圍有過度依賴者或疏離者，他們也需要做這個關係類型檢測嗎？

這要看他們是否有意願做。若他們願意，那很好，你也能學到一些有用的方法。但是，如果他們不願意，也別勉強。就像我們將在第三章提到的，不管周圍的人是否準備好要改變自己，你還是有很多策略可以提升各種人際關係，包括家庭關係、朋友關係與同事關係等。

約翰：職場上敢做決策的果斷大男人，卻是戀愛關係中的「小男孩」

約翰是我們的案主，他來找我們幫他處理面對女性時的不安全感。當約翰向我們描述他的問題時，看起來非常沒有安全感。他說話的時候，眼睛根本不敢與別人對視，結結巴巴，總是得想半天該用什麼詞來形容自己的情況。他總是使用自我否定的語詞，比如：「我其實不是那麼……」「我從來都不擅長……」他缺乏自信，這一點非常明顯。

就像約翰所說的，他在面對異性時太緊張了，哪怕一點小事都要聽對方的意見，而當遇上任何一點小麻煩，他會不停向對方道歉，比如看電影排隊排很長、餐廳人太多、路上堵車等，雖然這些問題完全不在他。這種不安全感與過度依賴的行為模式，摧毀了他的每段戀情，跟他交往的

> 若你不能真正了解自己，也就無法了解他人。——吳爾芙（Virginia Woolf）

女人，最後都受不了任何事情得由自己來做決定，要承擔所有的責任，簡直像個「媽媽」一樣。

若得知約翰在職場的表現跟約會時截然相反，你會驚訝嗎？一開始，我們確實感到訝異，但是當我們慢慢了解約翰，他在工作和約會時的反差便開始解釋得通了。

工作時，約翰覺得有自信、有安全感，因此，無論是很重要的研究項目或金額巨大的決策，他都敢自己下決定。他也放心地把決策權交給下屬，因為他對同事的能力夠有信心。同時，他也有自信處理任何可能發生的問題，分派任務的責任自然落到他身上。約翰信任同事，時常會和同事討論新想法，並且在遇到棘手問題時，徵求他們的意見。約翰會徵詢他人的建議，也常提供意見給同事們。他簡直是公認的員工模範，同事的楷模。

約翰是一個典型的例子：**他在生活中的某個領域表現出自我挫敗的關係模式，但在其他方面卻是適度依賴。**

我們的治療任務不難，藉由讓約翰認清自己在職場是如何有效運用適度依賴技巧，獲得成功，來幫助他將這些技巧運用到約會上。

他的情緒協助能力和成長動機都提升了。他能夠主導，也能做決定，同時不再為了一些小狀況而一直道歉。不安全感造成的行為漸漸減少，他開始享受與異性之間的親密關係，以及愛情帶來的快樂，這些都源自他內心的自信和相互的信任。

雖然不見得所有故事都有圓滿結局，但是這個故事有。約翰幾年前結婚了，妻子最近生了頭一胎，是個男孩。約翰的事業依然如日中天，經過幾年的戀愛挫折之後，如今，他的生活上了軌道。

適度依賴模式的養成四步驟

像約翰一樣，你的人際關係類型可能適用於生活中的某些領域，但不適用於另一些領域。或者，你可能在很多方面都有人際關係困擾。無論如何，適度依賴對你都是有用的，它的靈活性很強，能夠適用於各種人際關係風格和目標。

在接下來各章，我們將幫助你掌握各種場合的適度依賴技巧，讓你像約翰一樣，將自己現有的優勢運用到其他新的領域。改變方案包括以下四個步驟。

有多少人過度依賴或疏離？

一九九二年，我們做了第一個關於「消極的過度依賴」與「障礙性疏離」的大規模調查，調查樣本涉及幾百名各類型的年輕人，有男有女。我們發現，接受調查的人當中，超過百分之三十的人在生活各方面表現出過度依賴，超過百分之二十五的人有明顯的疏離症狀。在加拿大、英國、德國、日本、瑞典、挪威和荷蘭的研究，也得到相似結論：存在著較高比例的過度依賴和疏離。

無疑地，過度依賴與疏離的問題，比大多數人所想的更廣泛。若你在自己或周圍的人身上發現了過度依賴或疏離的症狀，別喪氣，很多人跟你一樣。

第一步：理解你的人際關係類型，以及它是如何形成的

經由關係類型檢測來了解你的人際關係類型，你已經開始這一步了。在第二章，我們將透過探究過度依賴和疏離產生的原因，來理解你的人際關係類型形成的背景，以及這兩種關係類型最重要的特徵。

第二步：做好心理準備，迎接不可避免的困難和障礙

雖然你已經下定決心改變，但是你周圍的人不一定都這樣。在第三章，我們會告訴你如何辨別身旁的人是否過度依賴或疏離，教你靈活因應的方法，改變應對方式來避免「關係陷阱」。

第三步：讓適度依賴在你生活的各方面起作用

第四章至第八章會提供一些基本的實用建議，幫助你在愛情（第四章）、友情（第五章）、家庭關係（第六章）、親子關係（第七章）與職場關係（第八章）中，運用適度依賴技巧。

第四步：運用適度依賴，面對生活中的難題

第九章和第十章透過舉例說明，如何運用適度依賴幫助你度過困難時期。在第九章，我們學習用這些技巧來面對失落和改變（如離婚、轉職）。在第十章，我們將告訴你，這些技巧如何有助於你和你愛的人，好好地面對老後生活。

過度依賴或疏離 VS. 適度依賴

過度依賴或疏離		適度依賴
過度依賴者或疏離者更容易生病、得流感，罹患嚴重疾病（如心臟病和癌症）的機率也更大。	但是	研究顯示，適度依賴能夠減輕壓力，增強免疫力，有助於身體健康。
過度依賴和疏離都是「職場殺手」，會阻止我們跟上司、同事與潛在客戶接觸。	但是	適度依賴能夠提升你的領導力、追隨力和指導能力，幫助你獲得事業成功。
過度依賴和疏離總是跟各種情緒問題連結，包括沮喪、恐懼和各種成癮症狀。	但是	適度依賴不僅保護我們不受情緒問題所困，而且當需要治療時，它也能幫助我們更徹底地康復。
過度依賴和疏離的父母教育出來的孩子，也會變得過度依賴或疏離。	但是	適度依賴能提高你作為父母的養育能力，減少孩子的行為問題，提升孩子適應社會的能力，提高學習成就。
過度依賴和疏離會增加離婚風險，降低人際關係的滿意度。	但是	適度依賴能夠提升婚姻幸福感，降低離婚率。
研究顯示，過度依賴和疏離會導致各種熟年問題，包括不穩定的退休生活、脫離社會，身體和認知能力衰退。	但是	研究顯示，適度依賴能夠幫助你因應熟齡化。從現在開始培養適度依賴技巧，強化社交網絡，步入熟年時，更容易求助及獲得幫助。

第二章 不滿的根源

我們是如何隔絕了彼此

生命的早期關係中，
有兩點決定了我們會養成何種依賴模式：
「依附風格」影響到我們對依賴的感覺，
決定了我們的情緒反應。
「關係劇本」影響到我們對依賴的看法，
決定了我們的期望和信念。

愛倫：「我要如何才能放開自己？」

這天一開始都滿好的，就像平常一樣，但是快到午餐時間時，發生了有點窘的狀況。愛倫見大家都聚在休息區，似乎馬上要出門，便問大家要去哪裡，他們聽了似乎很吃驚——今天是安德魯的生日，大家想請他吃飯。沒有任何人告訴愛倫嗎？她不曉得嗎？

場面一下子變得很尷尬，儘管大家不斷道歉，並且力邀愛倫和他們一起去吃午餐，她還是覺得心裡不舒服。過了一會兒，安德魯來了，所有人都離開後，辦公室靜了下來。

愛倫獨自在公司吃午餐，她感到有點困惑，也有些傷心。他們是不是忘了找她去？他們有打算告訴她這件事嗎？

整個下午，這件事一直困擾著她。她覺得聽聽助理泰瑞莎的看法會有幫助，便請泰瑞莎下班後到她辦公室。泰瑞莎似乎很清楚辦公室裡的情況。

五點四十五分，泰瑞莎敲了愛倫的門。她一坐下，愛倫就問起這天中午的事情。一開始，泰瑞莎沒有說什麼，她看起來有點緊張和遲疑，幾分鐘之後才比較自然地開口。

「情況就是，大家確實都很尊敬你，佩服你。」

「好。」愛倫問：「那問題出在哪兒呢？」

「呃，沒什麼，真的沒什麼。只是有些人跟你在一起的時候，我不知道怎麼說……有點緊張。」

「緊張？對我？」愛倫太驚訝了。她在公司裡從沒發過脾氣，從未情緒失控，不管遇到多嚴重的問題也從不大聲說話。她一直都滿佩服自己的。

泰瑞莎說：「嗯，對。當然不是每個人都這樣，但是有些人……我不知道該怎麼講……他們希望能更了解你。也許你應該更放開自己一點。」

「放開自己？」

「對。」

「什麼意思？我不明白。」

「喔，我想只是一些小事。大家想要了解你，比如你下班後都做些什麼，你的丈夫、小孩怎麼樣啊之類的。」

愛倫不知該怎麼回應，盯著桌子，擺弄著滑鼠和筆。突然她抬起頭，以幾乎聽不到的音量輕聲說：「只是，只是……我不曉得……泰瑞莎，問題就是我不知道該怎麼開始。」

她往後靠著椅背。

「不知道怎麼開始？」泰瑞莎問。

「就是放開自己、跟別人聊天，我從來沒有這樣過。」

「從來都沒有？」

「沒有，幾乎沒有。」愛倫看看泰瑞莎，抿著嘴，又望向別處。她摸著桌子邊邊，說：「我們家從來不這樣的，大家都不聊天，我們習慣各做各的。」

「這樣啊……」

「沒錯。我和弟弟小時候還有話說，但差不多也就這樣。跟爸媽沒什麼可聊的。就連我爺爺過世的時候，我們都沒有談過什麼，只是一起辦後事，收拾他的屋子，打點好一切，然後繼續過日子。」

「哇……」

「很奇怪嗎？不是所有的家庭都這樣嗎？」

「呃，不是。我家就不是。」

兩人沉默了幾分鐘，外面辦公室的電話響了，她們沒去接。最後愛倫笑了笑，咬著嘴唇搖了搖頭。「放開自己？他們希望我能打開心房？」

泰瑞莎點點頭。

「泰瑞莎，說實話，就算我想這麼做，也不知道該怎麼辦。」

沒有人天生就是自我挫敗的人際關係模式。我們是從與父母、兄弟姊妹、老師、朋友等的互動中，學會了這些關係模式。在這一章，我們來看看人們是怎麼失去了適度依賴模式，而變得過度依賴或疏離。

生命早期的「依附風格」與「關係劇本」，決定我們會養成的依賴模式

我們生來就是依賴的，每一個人都是。就像狗、黑猩猩和其他哺乳動物一樣，人類如果沒有父母長時間地悉心照顧，根本活不了。我們依賴父母提供生理上的營養（比如食物），同時也依賴他們給我們微妙的「精神養分」：關懷、愛與肯定，這些養分，幫助我們建立自信和良好的自我意識，每個孩子都需要。

最初的關係將會影響一個人的一生，這種影響可能是好的或壞的。在早期關係中，有兩件事決定了我們會養成何種依賴模式：**「依附風格」影響到我們對依賴的感覺，決定了我們的情緒反應。「關係劇本」則影響到我們對依賴的看法，決定了我們的期望和信念。**

依附風格

如果你跟小孩相處過，就會知道，每個孩子都自有與他人互動的獨特方式。有些小孩很膽小，容易受到驚嚇；有些小孩勇敢、膽大；有些小孩活潑、愛笑；有的小孩心思比較重、靦腆而拘謹。

小時候，我們都會發展出自己獨特的依附風格，這是我們特有的、與其他人相處的方式。遺傳可能有點作用，但更主要的，還是由小時候，父母或其他養育者對我們的教養方式所決定。

柏克萊大學的依附研究專家瑪麗・梅恩（Mary Main）發現，無論東方或西方，城市或鄉村，不同文化中的兒童，依附模式具有顯著的共通性。大多數學齡前兒童的依附模式，可以歸類為以下三種之一。

安全型依附

安全型依附的孩子較為平靜和自信。他們認為其他人是值得信賴的，確信在自己需要時，會有人出現。安全型依附的孩子認為事情會往好的方向發展，並且表現得有自信。

焦慮型依附

焦慮型依附的孩子膽小、易怒。他們看起來憂慮、緊張，好像照顧者隨時可能離開，把自己遺棄在一個充滿敵意的可怕世界。

逃避型依附

逃避型依附的孩子似乎不喜歡跟人親近。當別人要擁抱時，他們會迴避，把身體綳得緊緊的。在成長過程中，他們很注意與其他人保持距離，避免肢體和情感上的接觸，若你靠得太近，他們就會後退。

孩童時期的依附風格會延續到成年嗎？研究結果是肯定的。當然也有例外（比如一些膽小的孩子變成了企業家），但是就大多數人來說，早期的依附風格，預示了我們長大後會如何與他人往來。通常，安全型依附的女孩，長大後會是堅強、自信的女人；逃避型依附的男孩，長大後是冷淡、疏離的男人。

關係劇本

「關係劇本」是關於別人可能如何對待我們的看法，包括：別人會怎麼待我們；別人會不會喜歡我們；當一切順利的時候，會發生什麼事；如果發生衝突，會有什麼後果等。關係劇本是在孩童時期形成的，而一旦形成，它就決定了在今後的幾年，甚至幾十年裡，我們會如何看待自己和他人。

研究人員定義了以下三種主要的關係劇本，它們幫助形成了我們未來的人際關係類型。

「有人會在我身邊」的劇本

形成了「有人會在我身邊」劇本的人相信，人的本質是好的、善良的，自己有需要時，就會有人來幫忙。

這一劇本源於在家庭內、外，受到關愛的早期正向經驗，這些經驗告訴孩子，他們優秀、有能力、有價值，會受到照顧。

「我一個人不行」的劇本

形成了「我一個人不行」劇本的人相信，如果沒有其他人幫助和指導，自己就無法生存。

這種劇本可能源於小時候，家長和其他人過度保護的教養方式，使孩子覺得自己脆弱、無能；也可能源自於講究循規蹈矩的嚴格教養方式，使孩子變得消極，唯命是從。

「只能靠自己」的劇本

形成了「只能靠自己」劇本的人相信，需要的時候沒有人會幫忙，所以若要生存，就得自己獨立完成每一件事。

這種劇本是源於小時候，一些重要的人過於疏遠或冷淡，孩子相信別人根本不在乎自己，覺得自己不值得別人來愛。

安士渥斯教授的「陌生情境」研究

一九六〇年代後期，維吉尼亞大學的心理學家瑪麗．安士渥斯（Mary Ainsworth）進行了「陌生情境測驗」，這是一個針對兒童依附的行為測試。

在陌生情境測驗中，孩子和父母（通常是母親）被帶到心理學實驗室的一個房間裡，孩子坐在母親附近的地板上，接著在毫無預警的情況下，有個陌生人走進來，他一言不發，只是走到房間另一邊的椅子坐下。

孩子對這個「陌生情境」的反應，能夠反映出他的依附風格。

- **安全型依附的孩子：**較願意去冒個險，他們冒險靠近陌生人，想知道發生了什麼事情，不時地回過頭看看作為「安全後盾」的母親，然後再次向前。
- **焦慮型依附的孩子：**害怕地緊貼母親。
- **逃避型依附的孩子：**完全忽視陌生人（奇怪的是，他們也忽視自己的母親）。

你腦海中的畫面

耶魯大學的羅伯特．艾貝爾森教授（Robert Abelson）是關係劇本研究的先驅。他認為，人們可以將這些劇本想像成電影畫面或「內心獨白」。當我們就人際關係進行思考時，實際上是在想像自己會做什麼和說什麼，揣測別人會說些什麼或做些什麼來回應等等，直到整個互動過程都在腦子裡放了一遍。有時候，我們把這些情景在腦子裡反覆播放了幾十次，甚至上百次，每次只是對一些小細節做調整。對於大多數人來說，最基本的模式，亦即劇本的核心都沒變，基本上，每次都差不多。

從這個意義上講，關係劇本就像「關係藍圖」，反映了我們對事情會如何發展的預設，我們在腦海中反覆地預演這些情節，當互動真的發生時，就會按照預期的模式做出反應，達到我們所要的結果。若你曾經想像在約會時，你從一開始就會舌頭打結，那麼當真正約會時，你說話也會結巴，這就是關係劇本的力量。

消極的過度依賴：形成、根源與表現

依附風格和關係劇本很重要，但是這些還不夠全面。實際上，它們啟動了一個長達幾年的過程，最後才形成某種特定的人際關係類型。讓我們更深入地檢視這個過程。

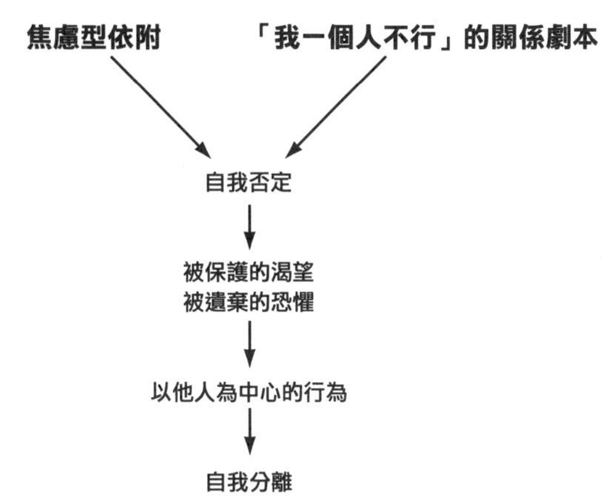

圖四　過度依賴的根源

如圖所示，焦慮型依附模式和「我一個人不行」的關係劇本，最終導致了消極的過度依賴（「以他人為中心」）的行為模式。

過度依賴如何隨著時間發展出來？

焦慮型依附模式和「我一個人不行」的關係劇本，最終導致了消極的過度依賴（圖四）。這一過程有四個階段。

第一階段：自我否定

焦慮型依附模式和「我一個人不行」的關係劇本，導致孩子在內心想像自己是一個軟弱、無能的人。心理學上稱為「自我否定」。

第二階段：被保護的渴望與被遺棄的恐懼

自我否定導致孩子非常渴望被保護和受到支持，同時非常恐懼被遺棄。不安全及焦慮的感覺開始變強。

第三階段：以他人為中心的行為

被保護的渴望和被遺棄的恐懼，這兩種感覺結合起來，導致孩子產生研究人員所謂的「以他人為中心」的行為：不惜一切代價地拚命取悅他人，避免衝突。

第四階段：自我分離

以他人為中心的行為進一步發展，會導致孩子跟自己「分離」，因為過於關注別人，而完全忽視自己的願望與感受。

消極的過度依賴模式

到了青春期，過度依賴者會透過許多方式來表達不健康的依賴需求，這反映了面對壓力或挑戰時，每個人獨特的因應風格。

這些方式，同樣也來自每個人獨特的人際關係經驗：一個人以某種特定模式表達不健康的依賴需求，是因為在他早期重要的人際關係中，曾運用這種方式，並且獲得了滿足。這就是為什麼有些人（比如約翰）在某些方面是過度依賴的，但在其他方面卻不是，這是他們的人際關係經驗造成的結果。

心理學家定義了四種在青春期形成，並且延續到成年後常見的過度依賴模式。

無助型過度依賴：不成熟模式

無助型過度依賴者藉由誇大自己的脆弱，來維持跟其他人的關係。他們表現得脆弱、需要關愛、孩子氣和不成熟，很容易受挫、容易哭。但是，事實上他們並不是這樣。他們的無助只是一個工具，用來給其他人設「陷阱」，進而滿足他們的依賴需求。

敵意型過度依賴：控制模式

敵意型過度依賴者藉由脅迫他人來維持關係。表面上，敵意型過度依賴者似乎總處於狂亂狀態，好像馬上就要崩潰了，但仔細觀察你會發現，這些表面現象具有欺騙性，事實上，敵意型過度依賴者處於支配地位。這種控制通常來自某種或明或暗的威脅（比如：「如果你離開我，我就自殺！」），這會讓別人覺得內疚，而不去結束這段關係。

隱藏型過度依賴：微妙模式

隱藏型過度依賴者表現出過度依賴的行為模式，但是依賴行為是迂迴的，以致可能不被認為是過度依賴。隱藏型過度依賴有許多形式，包括偽裝生病或過敏。不管形式如何，隱藏型過度依賴就像我們討論過的其他過度依賴模式一樣，讓他人始終陷在這段關係裡面，儘管他們已經不滿意這段關係，想要結束。

衝突型過度依賴：難以預料的模式

衝突型過度依賴者表現出反覆無常的行為，他們的行為在極端的過度依賴，和表面的、短期的自立之間搖擺。衝突型過度依賴者特別難應付，因為他們太善變了，他們總是在「依賴」時期表現出敵意型過度依賴的特徵，而在「自主」時期又表現出隱藏型過度依賴的特徵。

障礙性疏離：形成、根源與表現

像消極的過度依賴一樣，障礙性疏離也源於個體的依附模式和早期的關係劇本。如同過度依賴，疏離也是隨時間而階段性地發展。以下來追蹤障礙性疏離的演變過程，及幾個主要的疏離模式。

疏離如何隨著時間發展出來？

逃避型依附風格和「只能靠自己」的關係劇本，形成障礙性疏離。過程也有四個階段（圖五）。

第一階段：缺乏信任

孩子慢慢形成這樣的信念：其他人是不值得信任的、靠不住的，當需要幫助的時候，不會有人出現，這時，就形成了障礙性疏離的第一個階段。這是障礙性疏離最核心的信念，疏離者都有意識或無意識地表現出來。

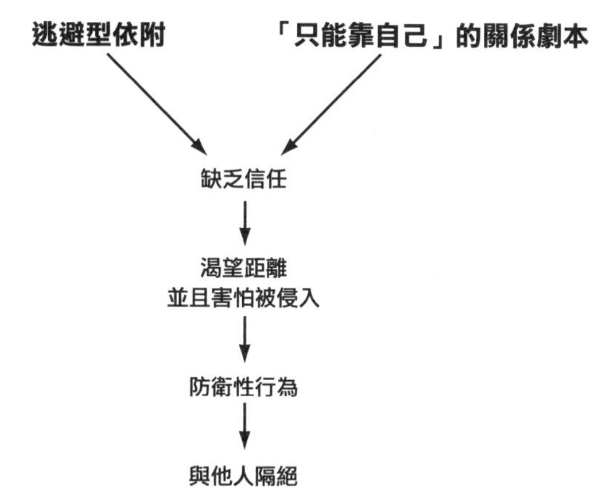

圖五　疏離的根源

如圖所示，逃避型依附模式和「只能靠自己」的關係劇本，
最終導致了障礙性疏離（「防衛性」）的行為模式。

第二階段：渴望距離，並且害怕被侵入

為了保護自己不失望、不受到傷害，缺乏信任感的孩子開始阻擋其他人：既渴望與他人保持距離，但又害怕別人侵入自己的世界。接近和親密讓他們覺得不舒服，有時候是徹底憎惡。

第三階段：防衛性行為

孩子渴望距離，並且怕被別人侵入，導致防衛性行為模式，花費許多心力與他人保持距離。

第四階段：與他人隔絕

逐漸地，孩子的防衛性行為導致自己跟別人「隔絕開來」，愈來愈常只活在自己的世界裡，總是掌控一切，但是從來不會與其他人建立令人滿意的有意義關係。

創傷性經歷

在人際關係模式的形成過程中，童年扮演了關鍵角色，但是之後的經歷也很重要。創傷性經歷導致有些人變得疏離，另一些人過度依賴。這些都取決於事情發生的背景和人們面對的方式。**重大的創傷性經歷包括：**

- 被信賴的朋友拋棄。
- 經常搬家或轉學。
- 被老師或指導者當眾奚落。
- 被教導要把情緒隱藏起來（比如：「都長那麼大，別哭了……」）。
- 被霸凌（尤其是大人知道了也不管）。
- 發育得比同齡人早很多或晚很多。
- 很胖，嚴重的青春痘，或者其他的身體「缺陷」。
- 在學校成績太差或太好。
- 小時候患有較嚴重的疾病。
- 原因不明的學習障礙。
- 有一個特別受歡迎、表現優異的哥哥或姊姊。
- 被男友或女友拒絕或欺騙。
- 遭受成年人或年長的同伴，在身體、精神或者性方面的虐待。

障礙性疏離的模式

每個過度依賴者都以不同方式表達依賴的需求，同樣地，每個疏離者也都有自己的獨特方式，和他人保持距離。過度依賴者可能在某些方面過度依賴，但是在其他方面並不如此，而同樣地，疏離者也可能在特定方面（如戀愛關係）表現出疏離，而其他方面（如友情）卻不如此。

研究者定義了障礙性疏離的四個主要模式。

退縮型疏離：羞怯模式

退縮型疏離者在周圍有人的時候覺得不舒服。他們的社交焦慮非常嚴重，因而根本不可能進行社交活動。相反地，他們會躲在角落，內心偷偷期待與他人交流。退縮型疏離者通常有看起來比較「安全」的朋友（像是家人，一、兩個熟人），但是並不多。除此之外，他不跟其他任何人交流。

憤怒型疏離：挑釁模式

憤怒型疏離者藉著表現敵意來保持距離，有時，這種敵意會轉變為多疑，甚至偏執。憤怒型疏離者幻想別人在暗算自己，有時會變得很可怕（比如罵人或打人）。但是需要牢記的是，憤怒型疏離者的敵意是一種防衛，在潛意識裡，他們覺得悲傷和孤獨，而敵意的行為有助於掩蓋這些情緒。

自戀型疏離：自我中心模式

自戀型疏離者以想像出來的優越感，作為避免跟他人接觸的理由。自戀型疏離者藉由表現得自己比別人聰明（或者更堅強、更漂亮、更帥氣），來使他們的疏離行為合理化——畢竟「更差」的人不值得他們浪費時間。而就像憤怒型疏離者的憤怒一樣，自戀型疏離者的自我中心也是一種防衛，幫助壓抑內心的無力感，不讓自己去意識到。

膚淺的交往：勉強為之的模式

膚淺交往的人可能根本就不表現出疏離，他們一般都有很多朋友，有時候甚至非常多（事實上反證了關係的膚淺程度）。這些膚淺的社會關係，通常是以共同任務（如工作）或共同愛好（如運動）為中心，除此之外，幾乎沒有任何情感深度。與這類人的關係，一般在剛開始的時候特別愉快，但是過不了多久，除了一起完成任務和表面上的共同愛好之外，這些人就無法再進一步深交，關係變得愈來愈令人沮喪（尤其在友誼和戀愛關係上）。

打破性別的刻板印象

人們常常把過度依賴與女性相連，而男性則是疏離的，但是我們的研究證實並非如此。我們彙整並分析了幾十年來公開發表的研究成果，涉及中小學生、大學生、成年人和心理疾病患者，幾乎有上千人，涵蓋各個年齡層。結果很明顯：過度依賴的男性與女性一樣常見，而疏離的女性也和男性差不多。

我們不能讓性別刻板印象妨礙思考。為了理解自我挫敗的人際關係模式，需要打破刻板印象，當過度依賴和疏離出現時，才能夠加以辨別。

安妮：自信外表下的隱痛

剛進大學時，安妮展現了新生身上少見的自信。第一次見面時，她看起來應付自如，說她完全沒有困擾，也沒提到任何大學生活的適應問題。她的課程表計劃得非常詳細，不需要我們給任何指導，課外生活也有詳細計劃。安妮打算加入學校最厲害的一個姊妹會，並且確信自己將在很短時間內，成為姊妹會的領導者。

學期初那幾週，我們很少見到安妮，到了學期中，我們發了封「你還好嗎」的郵件，也沒有回音。有一次，我們在學校餐廳門口碰到她，當時她和幾個女生聊得起勁，我們也就沒有叫她。

十二月上旬，兄弟會和姊妹會都很忙，對許多大一學生來說，這是一段很辛苦的日子——這個週六，他們將得知自己能否收到兄弟會或姊妹會的「中標」通知。每年最少有一到兩名選我們課的學生會收到失望的消息。對許多人來說，這是生活中的重大事件，這些成績優異的聰明年輕人，第一次為了自己想要的付出艱苦的努力，結果卻失敗了，顯然很難令人接受。但是對於許多學生而言，這件事將成為一次成長經驗，他們能從中學會接受失敗、承受失望，然後繼續前進。

只不過，對安妮來說卻不是如此。週一上班時，安妮在辦公室外面等我們。她什麼都沒講，但是她的表情說明了一切。在辦公室裡，安妮輕聲地說發生了什麼事情，她的聲音太小了，我們只能聽個大概，但很快就知道是怎麼回事了。

安妮很想加入學校裡最厲害的一個姊妹會，但是她被拒收。我們問了幾個問題就發現，被拒絕，可能是因為她對自己能加入姊妹會太有信心，所以沒有參加必要的聚會，也沒有花時間與姊妹會的組織者和有影響力的人接觸，所以當大家討論是否讓她加入的時候，沒有人認識她。

當我們這麼向安妮解釋，她不同意。她覺得問題不在她，而在其他的姊妹會成員。她們沒有意識到安妮將會是多優秀的領導者，也沒有想到她能夠在團隊中扮演非常重要的角色。

我們試圖挑戰她對於這些問題的詮釋，遭到她堅決抗拒。安妮完全沒有看透自己在這個事件當中的角色，她拚命自我防衛，堅持立場。不久我們就明白了，再怎麼說也沒用，安妮不可能換一個角度思考這件事。

學期末時，安妮離開了學校。被姊妹會拒絕使她深深受傷，她覺得自己簡直沒臉再見我們。安妮的自戀型疏離——她自信的外表——第一次遭受打擊，巨大的羞辱感和憤怒令她難以承受。她轉學到離家較近的一所大學，以優異的成績畢業。

反應模式檢測：你對其他人的「不良關係模式」，如何反應？

為了重建適度依賴，你必須了解自己對別人「不良關係模式」的本能反應，進而改變你的反應模式，避免關係陷阱。透過回答以下的問題，你能更了解自己對身旁過度依賴者與疏離者的反應模式。我們會在第三章仔細分析你的答案。

對於下述情境，選擇一個最能夠描述你的反應的答案。

當我意識到某人過於依賴我的時候，我的本能反應是——

一、盡全力幫助他（相互依賴）：如果他依賴我，肯定有充分理由。

二、跟他保持距離（抗拒依賴）：我不想鼓勵他變得更依賴。

三、我來處理（權威主義）：假如他崩潰了，自然需要有人來接手。

四、看不起他（詆毀或貶低）：每個人都該像個成年人的樣子，照顧好自己，不能指望別人解救。

當我在乎的人要跟我保持距離時，我的本能反應是——

一、鼓勵他開口（過度補償）：我願意付出額外的努力，來維持這段關係。

二、檢討自己（自我貶低）：也許是我做了什麼，而導致他退縮。

三、在別處尋找（轉移）：在這段關係當中得不到的，可以從其他關係中獲得。

四、不去想（否認）：對於自己控制不了的東西，擔心也沒用。

下章預告

遇到過度依賴或疏離的人，如何與他們相處？

在第一章，我們定義了適度依賴的幾個要素。第二章，我們探究了過度依賴和疏離的根源，以及各種不同的過度依賴與疏離模式可能造成的後果（比如安妮）。現在則需要進一步地了解，該如何與過度依賴和疏離的人相處。

想一想：如果安妮是你身邊的人，你會做出什麼樣的反應？對於她的疏離、自我中心和缺乏自省，你會如何回應？

我們準備改變自己，但是周圍的人不一定會改變。那麼，該如何與這些人相處，才能使自己學習和成長的努力更有效呢？第三章將探討，我們如何回應他人的過度依賴和疏離。上頁的「反應模式檢測」可以幫助你分析你的行為。一旦了解這些行為反應，你就可以開始做出改變。

挑戰帶給生活樂趣，征服它們使人生變得有意義。——約書亞・馬林（Joshua J. Marine）

第三章

「關係遊戲」和「關係陷阱」

識別及因應

「關係遊戲」是權力鬥爭，
雙方都希望從對方身上盡可能地索取更多，
而盡量少地付出，
通常人們意識不到自己被捲入了關係遊戲中。
「關係陷阱」是玩關係遊戲的人所用的策略，
目的是為了讓別人依自己的想法行事。

妻子凱瑟琳：「麥克為何總是讓我當壞人？」

凱瑟琳翻著菜單，正專注想事情時，有人拍她肩膀，嚇得她差點從椅子上跳起來。「天哪！傑森，你嚇到我了。」

「對不起。堵車很嚴重，希望沒有讓你久等。」

「喔，沒有。我也才剛到幾分鐘。」

傑森在凱瑟琳對面坐下，打開菜單。凱瑟琳也裝作在看菜單，但是每隔幾秒鐘就抬頭看看傑森在幹什麼。

很快地，服務生過來為他們點餐，等他離開後，凱瑟琳開口了。她早就想好要說什麼。

「傑森，老實說，好嗎？你比任何人都了解麥克。你是怎麼想的？」

「我怎麼想？什麼意思？」

「你知道的……」凱瑟琳變得結巴，緊張地笑著問：「你覺得他是怎麼樣的人？」

傑森笑了笑，靠向椅背，雙臂放鬆，手碰著桌角。「我覺得嗎……」他凝視著某處，似乎是在集中思緒，說話很慢，並且很謹慎地選擇用詞。「麥克是個非常好的人，友善、體貼。在許多方面，他都是很好的同事。」

「可是？……」

傑森又笑了，輕輕搖了搖頭。「沒錯，可是……」他挪了一下椅子。

「我想問題就在有時候他太好了，讓別人占便宜。」

「然後呢？」

「好吧，老實說，凱瑟琳，有時他讓別人覺得不安。」

凱瑟琳鬆了一口氣，所以不只她有這樣的感覺，麥克在工作上也如此。

「你繼續講。」凱瑟琳說。

「呃……」傑森說：「比如有一天，沃斯要我們輪流發言，大家都報告起手邊的專案，但麥克就只是坐在那兒，好像不知道自己要講什麼，等他終於開口時，隨口把大家報告的說了一遍。所有同事都被激怒了，後來大家聊起了這件事。」

「說了些什麼？」

傑森呼了長長一口氣。「有些人認為麥克耽誤了專案進度，覺得麥克耍了他們，硬把大家的想法變成他的意見，就像他無法為自己的案子負責。」

凱瑟琳點點頭。

「他聽了每個人的想法，再彙整這些意見，發表出來，好像全都是他的主意。我想這是最讓大家火大的地方。」

凱瑟琳只是沉默地看著傑森，猶豫了一下，她輕聲說：「嗯……你知道嗎？他在家也是這樣。」

「是嗎？」

凱瑟琳開始滔滔不絕地談起她和麥克之間的事，包括麥克是怎麼讓她被迫得做所有困難的決定，總是讓她當壞人，總是讓她承擔責任。她聊到上週發生的一件事，麥克不敢對金柏莉堅持立場，他們兩人等女兒等到半夜，擔心了一整晚。

她講得筋疲力竭，喘著氣，胸口起伏。

「你知道最諷刺的是什麼嗎？」

傑森小聲地說：「不知道。是什麼？」

「我們第一次見面的時候，我愛他的溫和、敏感、體貼等所有的一切，這是他最初吸引我的地方。可是現在，這些簡直要把我逼瘋了！」

話說完了，凱瑟琳回過神來，發現自己盯著桌上的盤子。過了一會兒，她抬起頭說：「我想離開他了。」

高品質人際關係的特徵：開放而真誠，關心與體貼，安全感和信任

研究發現，所有高品質的人際關係都有三個關鍵特徵。不管是與伴侶、孩子、父母、手足或朋友、同事，關係裡若沒有開放、真誠、關心、體貼、安全感及信任，就不可能是高品質的人際關係。

開放而真誠

開放地交流想法，真誠地談論感受，不管是好是壞（對於許多人來說，不好的感受總是比好的感受更難說出口）。

關心與體貼

雙方都很在意彼此，試圖去了解對方的感受，當對方經歷一些事情的時候，也能夠感同身受。

安全感和信任

兩個人彼此信任，感到安全，能夠以一種非對抗性的正向方式，說出自己的困擾。

最傷感情的「關係遊戲」與「關係陷阱」

相反地，在不健康的親密關係裡，沒有開放、真誠、關心、體貼、安全感和信任，而是傷感情的關係遊戲與關係陷阱。

什麼是「關係遊戲」？什麼是「關係陷阱」？

「關係遊戲」是權力鬥爭，兩個人都希望從對方身上盡可能地索取更多，而盡量少地付出。關係遊戲通常都是由其中一方發起，慢慢地，另一個人也逐漸捲入，直到兩人都成為「積極的玩家」。通常人們意識不到自己捲入了一場關係遊戲。遊戲規則從來沒經明確討論過，兩人都無意識且本能地，在新情境中，重複這個古老的關係劇本。

「關係陷阱」是玩關係遊戲的人所使用的策略，設計關係陷阱的目的，就是為了讓別人依自己的想法行事。關係陷阱通常都是一個人抓住了對方情感上的弱點，使得對方若拒絕他的要求，就會感到不安或內疚，時間一長，不安和內疚慢慢變成憤怒與失望，被利用的人意識到自己再一次落入一個老套的陷阱裡。

過度依賴者的「關係陷阱」，與疏離者的「關係陷阱」

就像你可能會想到的，過度依賴者和疏離者，設下的關係陷阱不同。

過度依賴者設下陷阱，讓別人承擔他不願承擔的責任和壓力。為了獲得伴侶額外的關心而故意誇大身體上的小毛病，這就是設下了過度依賴的關係陷阱。落入陷阱的伴侶可能發現自己總是要負責家裡的大小事，哪怕這些事情是過度依賴者能輕易搞定的（不僅現在，而是以後都得這樣）。

疏離者試圖設計陷阱讓對方放棄主動權，而由他來決定兩人的關係要保持什麼樣的距離。每當伴侶提起個人問題，他便故意保持距離，並且表現得悶悶不樂，這其實就是在設置疏離的關係陷阱。掉入了陷阱的伴侶會慢慢地放棄控制權，並且不再講讓疏離者不舒服的事情，如此一來，關係中的一些嚴重問題就被掩蓋了。

我們所經歷的關係遊戲和關係陷阱非常值得關注，因為這讓我們面臨形成適度依賴最關鍵的一個挑戰：就算你準備要做出改變，你周圍的人也未必打算這麼做。若你放縱自己去玩關係遊戲，得花很大的心力避免關係陷阱，如此將很難進步、學習和成長。

不僅適用於親密關係

閱讀這些描述時，很容易只關注愛情關係，但是別忘了，我們都有自己的反應模式，有時對於過度依賴和疏離的人，我們的反應是類似的，包括朋友、同事、孩子、兄弟姊妹，甚至是父母。在愛情關係中幫助你改變本能反應的原則，也有助於你改變在其他關係中的本能反應。

辨別過度依賴的跡象，避免本能反應

改變你對於過度依賴的本能反應，第一步，就是要辨別出周圍的人的過度依賴跡象。哈佛大學的心理學家艾倫・蘭格（Ellen Langer）指出，做出本能反應時，我們是不理智的，沒有考慮過我們正在做的事情。而逐漸意識到這種本能反應，我們便能理智回應，有意識地選擇如何表現得更好，而不是像自動駕駛受過去的習慣驅使。

過度依賴的跡象

要判斷自己是否已落入過度依賴的關係陷阱並不容易，關鍵是不要關注外在，而關注自己的內心：**跟這個人在一起時，你有什麼感覺？當他需要幫助時，你是怎麼做的？**透過關注自己的內心，你可能會發現顯示已落入過度依賴陷阱的三種跡象：感覺窒息，承擔責任，對過度依賴者逐漸產生厭煩。

感覺窒息

人們用各種說法來形容這種感覺：透不過氣、委屈、被逼上絕路、陷進去……與一個過度依賴者建立關係時，你會感覺被裝在一個箱子裡，被控制住了，似乎失去了自由。不要忽視這種感受，因為這能告訴你一些重要的事情。若你覺得自己失去自由，那麼事實可能的確如此。

承擔責任

有時，我們不容易發現自己跟一個從不承擔責任的人在一起——直到意識到自己承擔了所有的責任。這是一個緩慢、微妙的過程，若你哪天醒來，發現自己在某段關係中肩負了所有「家長」的責任，這就是過度依賴的第二個跡象。

逐漸產生厭煩

感覺透不過氣是一種不愉快的經歷。承擔責任讓你在一段時間後就筋疲力竭，因此，過度依賴關係的第三個跡象就是：你逐漸覺得厭煩了。若你發現自己愈來愈忍不住想對他說：「你有主見一點吧！」表示你已經感到厭煩了，這個徵兆讓你可以確信，自己在跟一個過度依賴的人交往。

> 生活就是學習的過程，是由即時獎勵，或者有更多是由即刻懲罰驅動的。
>
> ——歐內斯特．迪米內特（Ernest Dimnet）

為什麼我們的本能反應弊大於利？

除了一直陷在不健康的關係遊戲裡，對過度依賴和疏離的本能反應還會導致我們：

- **變成自己不想要的樣子。**妥協沒什麼錯，但是靠不斷妥協來維繫一段不正常的關係，可不是好主意。這種關係持續愈久，我們就愈容易被改造成自己不想要的樣子。
- **因為無法控制的事件而自責。**過了一段長時間之後，我們會記不起來問題是從何時開始產生的。我們可能會失望，並且覺得自己就是問題的根源。
- **連累到其他健康的人際關係。**努力維持一段不正常的關係，通常會導致其他更健康的關係被「擱置」，斷絕了力量和支持的來源。

對過度依賴者的本能反應，會讓情況更糟

我們對過度依賴者的本能反應，通常會使情況變得更糟，使我們受困於關係遊戲，並且被誘入關係陷阱。以第二章的反應模式檢測為基礎（第七十一頁），我們進入下一步：以下的描述中，哪一個更接近你對過度依賴的典型反應呢？

相互依賴（選項一）

有的人對於過度依賴的反應是扮演一個養育、照顧的角色。他會被別人的需要所誘惑，然後花大量的時間和心力去支持「弱者」。這種養育者的角色讓他感覺很好，因而鼓勵對方更依賴。他把過度依賴者當成孩子看待，將其弱點放在聚光燈下，當對方得寸進尺時，甚至還會給予獎勵，比如付出更多關愛。**如此一來，過度依賴者和相互依賴者都掉入了陷阱，關係遊戲開始……**

抗拒依賴（選項二）

有的人不是形成相互依賴，而是後退，在自己和過度依賴者之間製造距離。大多數時候，抗拒依賴者**在情感上退縮**，在愛情關係裡，還會有**肢體上的退縮**。這種退縮有許多種形式，包括對性生活失去興趣，花更多時間加班，或者參與一些將依賴者排除在外的活動。

權威主義（選項三）

有的人以接管一切的方式來因應過度依賴，若過度依賴者需要有人來承擔責任，他就會徹底負責。權威主義者開始決定所有的事情、設立規矩，一般來講，也會主導這段關係。權威主義者的反應，顯然**只會強化過度依賴者的無力感和消極行為，使情況變得更糟。**

詆毀或貶低（選項四）

有的權威主義者會轉變為詆毀或貶低對方。當權威主義者開始掌控過度依賴者的生活時，對於對方的認知會發生變化，然後，打從心裡開始貶低對方（比如：「若他非要表現得像個小孩，那我就把他當成小孩看。」）。他瞧不起過度依賴者，覺得對方懦弱、無能、幼稚。**當這種貶低進一步地發展，很有可能產生精神、身體和性方面的虐待。**

貶低：虐待的徵兆

「虐待」是個複雜的問題，涉及許多因素。讓一個人對另一個人施加情感、身體或性方面的虐待，絕不會是某個單一事件造成的。虐待可能十分微妙，難以辨別，輕易就可以否認，它悄無聲息地緩慢發展，直到某一天你突然發現問題嚴重了。

研究顯示，在對兒童、伴侶和老人的虐待中，「貶低」是一個重要因素。當虐待者在心理上輕視另一個人時，他會開始認為對方在某種程度上「活該」受到虐待。這個階段為其後實行虐待行為打了預防針。「貶低」也可以用於使正在發生的虐待行為合理化：我們愈是負面地看待某人，認為他軟弱、病態、懶惰……就更容易替虐待行為找到理由，並持續地這樣做。

若你發現自己在貶低小孩、父母或伴侶，在心裡詆毀、輕視他們，你要注意了：你可能正在轉變為虐待者。如果你正在這樣做，別再繼續了，可以向心理機構求助。

對過度依賴的正向反應，會帶來轉機

面對過度依賴，若你不是以本能回應，而能夠運用健康的反應模式，創造良好的人際環境，將會為關係的改變帶來轉機。以下是三個有用的策略。

獎勵自主行為

就像行為主義先驅史金納（B. F. Skinner）指出的，人類與其他動物一樣，追求最大的利益和最小的懲罰。為了培養過度依賴者的健康依賴模式，你可以運用史金納的觀點。首先，**停止強化過度依賴行為**，因為沒有了獎勵，關係陷阱也會隨之消失。同時，**記得獎勵自主行為**，這並不難，說句鼓勵的話、給個微笑、輕輕地拍拍背……不管你選擇什麼樣的激勵方式，都要**堅持下去**。若過度依賴者表現出了自主行為、承擔責任或者基於成長動機的求助模式，要鼓勵他繼續這麼做。你將會驚訝，他形成新的行為模式有多快！

設下限制，但是靈活一些

不管你多麼認真地要促進過度依賴者的獨立，他還是會在某方面表現出原始的無助模式。你可以限制這些行為，但是要防止過猶不及。有時，過度依賴者會變得特別情緒化。為了防止他變得憤怒，你要在堅持立場的同時，給他一些「靈活的限制」。跟過度依賴者講清楚：**是他自己而**

不是你，應該對他的選擇負責，你會一直支持他，願意幫助他，並且在適當時伸出援手。

幫助他找到新的反應模式

記住，大部分過度依賴者都沒有太多獨立處理問題的經驗，因為沒有適度依賴的技巧助其獨立行動。這些技巧需要練習才能掌握，但是，學習是一個過程。在此期間，若他努力尋找自己獨立處理問題的方法，你要對此給予足夠的關注。如果有機會，幫助他建立積極的處理模式，提供他建議、技巧和實用的意見，但**目的一定是為了幫助他學習處理問題的新方式。**這樣做能增強過度依賴者的成長動機，幫助他們找到獨立處理問題的策略。

轉嫁痛苦

有時候，人們會受不了過度依賴的伴侶、朋友和同事，便運用所謂的「痛苦轉嫁策略」，把過度依賴者硬塞給其他人，以獲得短暫的喘息。但是時間一久，這方法就失效了。一旦別人發現了實情就不會再上當，周遭不會再有人接受你塞給他的過度依賴者。不僅如此，身邊的人將會疏遠你，因為你利用了他們的善意。

布萊恩：抗拒患者依賴的心理治療師

研究所課程的第一週，我們遇見了布萊恩，他的機智、自信，以及對心理學理論的掌握，令我們留下了極深刻的印象。布萊恩才華洋溢，沒過多久，他就成了我們倚重的對象，治療中遇到困難，或者陷入了麻煩的統計問題，我們都會第一時間想到布萊恩。大多數時候，他都很樂意協助。

布萊恩剛開始念研究所時，表現得很出色，第一學年全拿A。然而，當他從課堂學習轉到臨床，就表現得沒那麼好，開始有傳言說心理學理論基礎深厚的布萊恩，在治療病人時遇到了困難。學生之間傳聞，布萊恩理論分析得頭頭是道，但是無法在情感上產生共鳴，病人覺得灰心而放棄了治療。

與布萊恩討論他在治療上遇到的困難時，我們發現，他對於個案的過度依賴很明顯產生了抗拒，每次當個案開始依賴他的時候，他就退縮了。布萊恩的抗拒依賴模式在同學來往中不是問題，但是在臨床治療上是一個很大的問題，畢竟有許多接受心理治療的患者，都非常依賴心理師，這是意料中的，而且某種程度有助於治療——既能使患者積極投入治療，也能夠激勵他們繼續接受治療。

也許你猜到了，當一個心理師不能忍受患者的依賴時，當心理師任由自己的本能反應損害醫病關係時，問題就產生了。布萊恩的抗拒依賴模式，使治療從成長經歷變成了有害的關係遊戲，對每一個患者都如此。

一開始，他總是像學校裡教的，鼓勵個案放開自己。但是當他們打開心，開始敘述生活中的細節時，他便開始感到焦慮。在不知道如何處理自己的焦慮的情況下，他無意識地運用了各種抗拒策略來跟患者保持距離。他開始迴避情感問題，巧妙地鼓勵患者討論他們的想法，而非感受。當患者太依賴他以致他無法承受，他甚至會表現在行動上，他遲到，或者乾脆取消會面。他的個案最後會覺得被欺騙了，一開始鼓勵他們說出所有事情，但後來又不讓他們這樣做。毫不意外，許多患者感到受傷，放棄了治療。

布萊恩最後離開了心理學領域，找了一份既能發揮才華，又使他免於不舒服的情感挑戰的工作。回頭看看他的決定，不免有點遺憾，他沒有尋找更好、更有效的方法，來回應患者的依賴需求，而是放棄所選擇的職業。如果他沒放棄，而是學習更有效的新方法來代替自己的本能反應，不知道結果會怎樣。

辨別疏離的跡象，避免本能反應

幫助你避免過度依賴的關係陷阱和關係遊戲的基本原則，也有助於有效地因應在關係中走到另一個極端的人——疏離者。疏離者表現出的特徵不同，他們疏遠而不是依靠，自閉而不是開放，但是你的因應策略應該是一樣的。你必須：一、辨別疏離的跡象；二、分析你對這些行為的本能反應；三、以更適度、更適用的回應，來取代你的本能反應。

辨別疏離的跡象

跟過度依賴一樣，辨別疏離最好的方法是檢視內心，而不是在外部搜尋。以下三個徵兆顯示你正和一個疏離者往來：無止境地追求，情感隔離，抗拒親密行為。

無止境地追求

發起活動、訂票、預約餐廳等事情，是不是總由你在做？你有沒有試著不去主動發起活動，然後看看結果會怎樣？當你停止做這些事情的時候，你們的關係是不是就那樣終止了？對於以上的問題，若你有任何一個回答是肯定的，就要小心了：你可能在永無止境地追求一個疏離者。

情感隔離

情感隔離有多種形式，但結果都是一樣的：最終你會感覺到被排除在外，好像對方在隱藏著什麼，不想讓你知道。假如你努力接近，他便後退，那麼你就正在經歷情感隔離。

抗拒親密行為

情感隔離必然導致抗拒親密行為。你接近不了他，就無法與他建立起關係，你的親密需求便得不到滿足。有些人會變得憤怒，結果產生衝突。有些人的憤怒會指向自己，認為自己「做錯事」或「不夠好」，因而得不到自己渴望的親密，並以此懲罰自己。

憤怒與憂鬱

掩飾憤怒（有時候稱作「指向內部的憤怒」），會讓你變得憂鬱。神經學家和醫學專家的研究發現，當一個人心裡有氣卻不表達出來時，身體會發生一系列的化學變化：壓力荷爾蒙進入血液，使大腦中的血清素含量降低（血清素是一種能提升情緒的神經傳導物質，所以太少的血清素意味著憂鬱風險增加）。不幸的是，研究發現，人們很難改變這種掩飾憤怒的因應方式。辛辛那提大學的學者葛雷澤（Goldine Gleser）和同事伊利維奇（David Ihilevich）發表文章表示，本能地掩飾憤怒的人，即使已注意到這個問題，但基本上不太可能僅憑一己之力改變這個模式。

如果你也有掩飾憤怒的問題，或者正受憂鬱（不管什麼原因造成）所困擾，應該去看看醫師或心理師，他們或許能協助你更有效地表達憤怒，同時更能控制好情緒。

在與專業人士討論你的憤怒或憂鬱問題時，你就已經在運用適度依賴模式了，你在主動求助，使自己學習和成長。

對疏離者的本能反應，會讓情況更糟

就像對過度依賴者一樣，對於疏離者，我們也會有一些本能反應，這些反應也是弊大於利的。根據第二章的反應模式檢測（第七十一頁），以下的描述，哪個更接近你呢？

過度補償（選項一）

有些人對疏離者的反應，就是加倍努力地去接近對方。雖然這是很正常的反應，但是一般來說**只會導致更糟糕的結果**。疏離者會覺得被侵犯了，所以他會更退縮，回到自己的保護殼裡。過度補償的人會感到挫敗和憤怒，因為他們善意接近，卻遭到如此頑強的抵抗。

自我貶低（選項二）

有些人的反應是從自己身上找原因，責怪自己造成了雙方的距離，希望能做一些不同的事情，來「修復」關係。這種做法顯然有問題，因為這**強化了雙方的弱點**。自我貶低的人最終會認為自己很糟糕，覺得內疚，或自己做得不夠，因而會更努力地反省自己到底「做錯」了什麼。疏離者感知到了對方的不安，於是變得更強勢，更嚴格地限制彼此間的接觸和親近。

轉移（選項三）

有些人覺得最簡單的辦法，就是從其他的關係中尋求親密感。**這種方式最大的風險就是背叛**（至少目前在愛情關係中是如此）：當他在其他地方找到精神上的親密時，也可能試圖在其他地方尋找肉體上的親密。有時候這代表著原有關係的結束，但是，也有可能導致長期的欺騙和複雜的三角關係。在這個遊戲中，沒有贏家。

否認（選項四）

對待疏離的另一個常見反應就是否認。否認者總是把問題都掩藏起來，而不是直接面對疏離者，同時處理自己不舒服的感受。他會找理由說服自己一切都沒問題，過一段時間，他們之間就會變好（比如：「只要小孩上了學，我們就能有更多時間在一起。」）。顯而易見，「否認」無助於改變消極的人際模式，同時也是不健康的（我們會在第九章詳細討論），因為否認負面感受，時間一久，會增加壓力和生病的可能性。

跟問題人士之間，也能保持良好的關係模式

適度依賴最大的挑戰之一，就是跟問題人士保持適度依賴的關係。

比如濫用藥物的朋友，或精神出了狀況的家人。這些關係雖然很重要，但是都充滿了「陷阱」。如何在這種困難的情況下，保持良好的關係模式呢？運用這三個原則，你就能做到最好。

●**別改變自己的適度依賴模式：**「盡你所能地挽救受傷害的朋友」這種行為很有誘因，但是要注意有時候，幫他其實是害了他。你出於好意，卻很容易變成你把所有事都攬在身上，提供了太多關心和協助，使對方永遠擺脫不了不好的狀態。

●**不要因為你無法控制的事情而自責：**有藥物成癮或精神狀況的人如果願意，有些是能夠改變的。有時他們不會改變，不管你多努力、多在乎他，你都無能為力。

●**不要損害到其他人際關係：**與問題人士保持關係時，其他更健康的人際關係是你的避風港，你可以在此滿足需求，並且充分地完整表達你的適度依賴。無論如何，不要因為幫助受傷的朋友，而讓這些關係受到損害。

最應該保持緘默時，就是你覺得有些事非說不可時。——喬許・比林斯（Josh Billings）

對疏離的正向反應，會拉近彼此的距離

就像面對過度依賴一樣，你也能夠學到更好的方法來面對疏離。以下是三個有用策略。

檢視你的感覺

疏離的情況有可能太微妙，因而你可能會自問：「我是不是判斷錯了？」或者放大感受。有個方法可以幫助你：**找一個你了解並信任的人，跟他討論這些問題，描述那個疏離者的行為，包括你對這些行為的感覺。**試著換一個角度看事情，你可能會發現自己反應過度了，若是如此，你需要反省一下，看看究竟是怎麼一回事（是你要求得太多了嗎？是溝通不夠嗎？）。也可能，你發現自己的感覺是對的，對方的疏離行為確實不正常，若是這樣，你需要採取行動。

尋求支持，並且有效地運用

適度求助與不健康地轉移，只有一步之差。「適度求助」是以成長動機驅動，指的是尋求他人的建議、增強自信，並且有效地用來解決所面臨的問題。「不健康地轉移」（比如轉嫁痛苦）指透過他人幫助來逃避問題，而不是處理問題。總之，面對疏離者時，尋求他人支持是有用的，但是**你必須時常檢視自己的動機，確保自己是有建設性地運用這些支持。**

說出你的憂慮

向他人求助和尋求支持的同時，也該開始著手處理身邊的問題。找個時間跟疏離者談談你的憂慮（如果需要，約定一個時間）。**注意：要以一種沒有威脅的方式來表達你的憂慮。**不要責怪自己或對方，只是就事論事，以具體例子說明你的觀點。若疏離者一開始不同意你的說法，你也別反擊（他們會讓步的）。同時，你要謹慎地選擇談話時機，最好不要在心煩意亂或者很累的時候跟對方談，你可能會說出一些讓自己後悔的話。如果可以，盡量避開對方疲倦的時候（比如上了一天班以後）。疏離者在很累或有壓力的情況下，或許沒心情聽你的憂慮，那你善意的努力可能會讓情況變得更糟。

下章預告

將適度依賴運用到各種關係中

適度依賴的核心原則，適用於所有的人際關係，但是，每種關係都有其獨特的挑戰和機會。

為了幫助你打好基礎，使你在所有的人際關係中，都能夠獲得成長和積極的改變，請花幾分鐘完成下一頁的「改變計劃」，它將告訴你：你現在所處的位置，以及將來想達到的狀態。

從第四章開始直到最後，我們會多次參考這份改變計劃。

改變計劃

你買這本書就是因為你想要改變自己，若要更有效地實現，你需要做計劃，這是引導你轉變之路。回答以下問題，你將明白自己想要如何改變和成長，以及你未來想達到什麼目標。

● **我的三個優點是：**

● **我最想改變自己的三件事情是：**

● **在我最重要的人際關係*中，最主要的三個好處是：**

● **在我最重要的人際關係中，我最想改變的是：**

*每個人都不一樣，所以別受限。你最重要的人際關係，可能是與愛人、孩子、父母、兄弟姊妹、朋友或同事的關係，這完全看你自己。

第四章

愛情中的適度依賴

愛情關係是獨一無二的，
在愛情中，我們顯露自己不為人知的一面，
感受到別人所無法激起的渴望，
並且產生一種其他人都無法喚起的唯一的忠誠感。

愛倫：「為什麼最愛的人，什麼事都不告訴我？」

愛倫與泰瑞莎談完後，開車回家途中，想到了丈夫詹姆斯、女兒梅麗莎和兒子史蒂芬。她想知道，他們是不是也有泰瑞莎那樣的感覺。他們也希望她更「放開自己」嗎？

她把車開上屋前的車道，熟練地停好車。客廳亮著燈，詹姆斯坐在沙發上看雜誌，樓上似乎有什麼吸引了他注意，他緊皺著眉望向走道。沒多久，梅麗莎下樓了。

有什麼不對勁。詹姆斯生氣地指著廚房，而梅麗莎在走道上與他爭辯著，詹姆斯搖搖頭，又指了指廚房，梅麗莎撇著嘴，臉上寫滿了失望和氣憤。她轉身跑上樓，詹姆斯望著她離開。

愛倫很驚訝地發現自己心跳得很快，她緊握著方向盤，掌心都濕了。她坐了一會兒，讓呼吸平靜下來，對著後視鏡檢視了一下自己，然後拿起東西下車。

她打開門，問候了一聲，但是沒有人回應。於是她放下公事包，進了廚房，詹姆斯正在清理爐子。

愛倫說：「嘿，今天怎麼樣？」她試著讓語氣輕鬆點，不想讓丈夫知道她看見了之前發生的事。

「很好。」詹姆斯說著，吻了一下她的臉。

愛倫等著他再說下去，但是他打住了。他晃晃爐上的鍋子，接著晃動另一個。

「都很好？」

「是啊。」詹姆斯說：「怎麼這麼問？」

「沒什麼，就是想知道一下。梅麗莎和史蒂芬怎麼樣？」

「也不錯，他們在樓上。」

兩人站在廚房裡，都沒開口。過了一會兒，詹姆斯又轉身對著爐子。

「再過幾分鐘就吃晚飯了。你上樓的時候跟孩子們說一聲吧。」

「好。」愛倫轉身離開。

經過梅麗莎房間的時候，她停下來敲了敲門。一開始沒人應，她更用力地敲，房裡有了動靜。

梅麗莎打開門，眼睛紅紅的。桌上放著書本跟紙，衣服和CD散亂在床上。

「嗨，梅麗莎。今天過得怎麼樣？」

「很好。」

「在學校過得好嗎？」

「好。」

「作業做得還好嗎？」

梅麗莎聳了聳肩。「還可以，我覺得。」

愛倫猶豫了。到底要不要問自己看見的事情呢？她決定暗示一下。「爸爸怎麼樣？他看起來很累的樣子。」

「我不曉得，」梅麗莎說：「你得問他。」

愛倫站在門口，望著女兒。梅麗莎移開視線，眨了眨眼，最後是愛倫打破了沉默。「告訴你弟弟晚飯好了，行嗎？等等樓下見。」

回到臥室，愛倫深深地嘆了口氣。她把外套扔到床上，走進浴室裡，看著鏡子，發現自己有點生氣。在工作上是一回事，那些人只是她的員工，可是現在是在家裡，她怎麼跟最愛的人也這樣？丈夫和女兒大吵了一架，卻沒有人告訴她一個字。發生什麼事了？到底還有多少事情她不曉得？

詩人告訴我們，愛情是奇妙、神祕、不能控制且無法解釋的。愛情來臨時，為我們帶來了人生中最大的快樂；愛情枯萎時，會帶來人生最大的傷痛。就像莎士比亞說的：「在通往真愛的路上，從來不會一帆風順。」

心理學家亞伯・艾里斯（Albert Ellis）有一個不那麼浪漫，更現實的觀點：愛情的藝術，在很大程度上就是努力和堅持的藝術。

誰說得對呢？是詩人還是學者？都對，只不過是以不同的方式。詩人是對的，愛情是神祕的，發自我們內心，說來就來，說走就走。艾里斯也是對的，不管愛情從何而來，都需要努力、堅持去維繫。

在這一章，我們要討論適度依賴是如何增進和加深愛情，探討消極的過度依賴和障礙性疏離帶給愛情的阻礙，並且學習如何運用適度依賴來克服。

愛情的獨特挑戰：找到親密、激情、忠誠三者間的平衡點

耶魯大學的羅勃・史坦伯格（Robert Sternberg）率先開展了一項關於愛情的研究。史坦伯格說，愛情的最關鍵力量是：它所引發的一系列複雜感覺和情緒。

史坦伯格的研究顯示，愛情關係獨一無二，是唯一一種融合了親密、激情與忠誠的人類關係。在愛情中，我們顯露自己不為人知的一面（親密），感受到別人所無法激起的渴望（激情），並且產生一種其他人都無法喚起的唯一忠誠感（承諾）。

在理想情況下，每段愛情中，這三個特徵都占了很大的比重。但許多人可以證明，找到親密、激情、忠誠三者間的平衡點是很大的挑戰。無論年輕或年老、貧窮或富裕，努力建立一段完美、持久的愛情時，我們都會面對同樣的難題。

別將「親密」與「失去自我」混為一談

與所愛的人真正親密時，我們感覺到兩人融為一體，就像兩個個體事實上合而為一了。這是一種特別幸福的感覺，但同時也有一定的風險。問題在於，**沒有強烈的自我認同，沒有一個明確的「我是誰」、「我想要什麼」的概念，很容易使人在親密關係中「失去自我」**。就像精神分析學家艾瑞克森（Erik Erikson）說的，在親密關係中失去自我是非常令人恐懼的，會讓我們退縮以保持自我意識，使愛情成為一場痛苦的拉鋸戰。一旦陷入這樣的循環，一會兒很親密，一會兒又因為太靠近而分開，顯然會導致雙方都有挫敗感，都不滿意。

坦誠交流

研究顯示，幸福婚姻的最佳預測指標就是坦誠交流。夫妻雙方敞開心，分享彼此的想法和感受，從不隱瞞，以非批判的客觀方式表達不滿和負面情緒，所以意見相左並不會升級為爭吵。但是，離婚的夫妻正好相反，他們逐漸積蓄的憤怒和不滿一直都壓抑著，直到最後，這些怨恨、責備和譏諷，以很傷人的方式集中爆發出來。

忘掉激情本身，而關注親密關係和坦誠

激情從來無法偽裝，而且，我們不可能「製造」出延續多年的激情。那麼，我們能做些什麼，來維持這個浪漫愛情的關鍵因素呢？祕訣就是：不要總想著激情本身，而是要關注親密關係和坦誠。當心靈默契與坦誠交流是你們關係的一部分時，激情就會自然而然地存在，你不用刻意追求或者努力去保持。

接下來，我們要談過度依賴帶給愛情的挑戰。我們會討論如何讓伴侶從過度依賴轉變為適度依賴，以及如果你自己是過度依賴者，該如何給對方自由呼吸的空間。

過度依賴的愛情，令人窒息

過度依賴的愛情，由焦慮型依附和「我一個人不行」的劇本驅動，結果就是令人窒息的愛情模式：充滿控制及緊張感，哪怕是最相愛的人，最終都會疏遠。

令人窒息的愛情模式

在令人窒息的愛情模式裡，真正的親密關係被「自我中心」所取代，坦誠交流被「迎合」取代，激情則被「不安的性行為」取代。我們來更仔細地分析。

自我中心

過度依賴者渴望親近，但是他們的不安全感和脆弱的自我認同，阻礙了面對親密關係的挑戰。他們跟愛人之間不是平等關係。**過度依賴者在愛情關係中，扮演了「孩子」般的角色，而對方只能相應地扮演「虛擬家長」的角色**，結果導致了自我中心：對方的價值已經不在於他本身，而是他提供給過度依賴者的安全感與保護。

迎合

由於過度依賴者把對方看成是家長，而非同伴，便很難坦誠交流。因為太擔心關係受到損害，過度依賴者採用迎合的交流方式，**每一次互動，都是為了滿足彼此想維持現狀，同時更緊密地與伴侶綁在一起的需要。**儘管短期來看，效果令人滿意（因為依賴者付出額外的努力，去強化對方的自我），但這種溝通最終會變得令人厭煩，暴露出操控性的關係陷阱本質。

不安的性行為

過度依賴者對安全感的需要永無止境，使得性由快樂的自發行為，變成了儀式化的關係遊戲。

過度依賴者總是在提防性生活不協調的跡象（比如：「有什麼不對勁嗎？我做錯了什麼嗎？」）。伴侶則覺得得留意自己的一舉一動，以防過度依賴者產生焦慮。這使得兩人都不能放鬆，也無法享受那一刻。在這種環境裡，激情不可避免地會消退。

愛情的目標：拓展你的改變計劃

每個人的人際關係目標都不同。在開始探究自己的目標之前，花幾分鐘看看你在第三章完成的改變計劃。你的愛情關係與此相符嗎？你想要一段什麼樣的感情？假如可能，你最想改變這段關係的哪些方面？在左列的問題旁寫出你的答案，將幫助你確立自己的愛情目標。

- **在目前（或者最近）的愛情關係中，我最喜歡的地方是：**
- **在目前（或者最近）的愛情關係中，我最想改變的地方是：**

物以類聚？異性相吸？

愛神之箭總在最不可能的場合射中我們，愛情來臨時，我們常常無法做出「理性」選擇。有沒有某種人會比其他人更適合我們呢？

根據針對幾百對年輕夫妻的研究，一些特定的愛情模式契合得很好，另一些則更具挑戰性。研究人員辛普森（Jeffrey Simpson）和甘傑斯特（Steven Gangestad）利用調查問卷來評估人們的人際目標、對伴侶的看法，以及對於關係本身的想法及感受。

● **「過度依賴─過度依賴」**：這種組合，好的一面是兩個過度依賴者的關係傾向於更忠誠。不好的一面則是不安全感的共享：兩個過度依賴者都知道如何讓對方焦慮，雙方對於衝突的懼怕，使得他們不會坦誠地討論問題，導致不滿愈積愈多，大家都逃避責任，最後的結果可能是複雜的自我挫敗關係遊戲。

● **「疏離─疏離」**：在某種程度上，這是最棘手的組合，因為雙方都在建立情感連結上有障礙。當雙方都有其他興趣占用心力時，兩個疏離者之間能存有愛情關係，問題通常在退休後開始出現，兩個疏離者被迫面對彼此無法親密相處和坦誠交流的事實。

●**「過度依賴—疏離」**：研究發現這種組合出乎意料地相合，因為雙方都為這段關係帶來獨特的優勢。當然，這種關係也不是沒有問題，有時候，過度依賴者與疏離者對於愛情的需要和目標是矛盾的，這會引發很大的摩擦。有意思的是，有證據顯示在這種組合中，若女性疏離，而男性是過度依賴的，兩人的關係會比相反的情況更穩固。沒有人知道為什麼，起碼目前沒有人知道。

讓自己喘口氣吧！

為了幫助過度依賴的伴侶改變令人窒息的愛情模式，你要為親密感、激情和忠誠的成長，創造條件。這當然需要時間，但改變從來都不容易，也無法立即見效。以下是三個有用的策略。

給予適當的安慰

安慰，能幫助過度依賴者獲得信心，但是你要靈活地運用。少量安慰有助於伴侶獲得自信。如果安慰太多，就會變成過度依賴者的依靠，他可能開始誇大他的無助感，進而確保可以持續地得到安慰。為了避免這種情形，**你只能在最需要的時候給予安慰，並且在他獨立解決問題的過**

程中，偶爾給他支持。當伴侶的成長動機提升之後，就不需要那麼多外在安慰來提供支援了。

創造空間

如果感到窒息，你會憤怒，並且變得衝動、不理智。為了盡量減少這種情況，**你需要為自己創造一些空間，給自己一些獨處的時間，或者跟其他人一起度過一段時間。鼓勵你的伴侶也這麼做，必要時激他一下。**不過，在此事先警告：你的伴侶很可能因此變得焦慮，這時，你要適當地安慰他，讓他知道，創造一些空間並不表示你要拋棄他，或者對他失去興趣了。若安慰有效，那就繼續。假如安慰也沒有用，那就停止這麼做。隨著時間流逝，事實會告訴他語言所表達不了的東西：儘管很多事都變了，但是你依然在他身邊，並且你們的關係依然牢固。

透過明確的交流，建立信心

讓對方知道你覺得窒息，但是，**如何表達這一點，才是關鍵。**不要責備他，或者說得太籠統（別用「你總是……」和「我從不……」這些詞）。把這個問題當作你們可以一起處理的事。即使對方憤怒或哭泣，你也不要放棄，一旦放棄了，你將陷入一種新的關係遊戲。相反地，你要堅持來討論這個問題，委婉，但堅決。若有必要，可以間斷，這樣伴侶可以平靜下來。一定要直言你的信念：一些自由呼吸的空間會強化你們的關係，而不是被削弱。

讓你的伴侶自由呼吸

如果你（而不是你的伴侶）的愛情模式令人窒息，那你需要找到一些方法因應對方的獨立自主，同時，也需要找到讓自己更獨立的辦法，如此就不會讓對方窒息。當你在愛情關係中重建適度依賴的四個關鍵技巧，這些任務也就自然而然地完成了。以下是你應該努力的目標。

再多嘗試獨自完成一些事情

在向伴侶求助前，確保自己已經盡了最大的努力，這樣當你在求助時，會感到好過一些，伴侶在幫助你時，也會比較好受。而且，若你已盡了最大努力，你和伴侶將發現，你們更能把「行為」和「人」本身區分開。注意：不要拿一個問題作為逃避其他挑戰的藉口，也不要利用它獲取更多其實不需要的幫助。你的最佳策略就是**事先確定哪裡最需要幫助，然後把求助範圍限制在這些情況內。**

注意你的用語

別用一些「幼兒語言」來創造無助的氣氛，讓伴侶陷入拯救你的陷阱裡。**當你表現得像個孩子，你就覺得自己是個孩子，伴侶也會把你當成小孩看。**時刻注意自己的肢體語言，有時候儘管我們小心地選擇用詞，面部表情和肢體語言也會表現出害怕與不安。可以對著鏡子練習如何求助，觀察自己的表現。如果你不喜歡你看到的，那就改變它。

檢視你的動機

行動之前，先考慮清楚：你是要透過求助來掌握新技巧，還是暗自（或理直氣壯地）想要伴侶拯救你。當你覺得絕望時，不要馬上求助，氣喘吁吁、驚慌失措的要求，通常都是為了逃避挑戰。等一等再行動，如果你求助是為了學習和成長，耽誤一會兒沒什麼關係。若你覺得一分鐘也等不下去，那就要注意了：**那麼急切，意味著你的要求不是基於成長，而是因為害怕。**

對於你準備提出的要求，做好計劃

謹慎地選擇提出要求的時間和地點。理想的情況是：在一個不那麼緊張的時間（而非孩子們上學快遲到時），並且在私下的場合提出來（而非在有朋友一起吃飯的餐館裡）。假如伴侶不提供幫助，你也要優雅地接受，並且想想為什麼他會拒絕，下一次避免這樣的情況。不管你做什麼，都要**避免情緒勒索，別以內疚感、威脅、大喊大叫、抱怨、哭泣或其他方式，來強迫對方幫助你**，雖然你可能會暫時贏得勝利，但是從長遠來看，還是失敗的。

疏離的愛情，令人不安

就像過度依賴的愛情一樣，疏離的愛情也有損親密感、激情和忠誠，而以一種不同的方式，讓最親近的人遠離我們。看看愛倫疏離的人際模式，如何導致丈夫與女兒與她產生情感距離。父

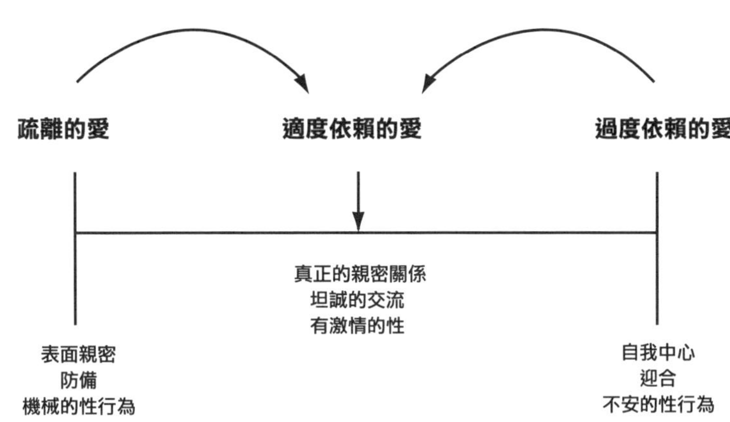

愛情中的適度依賴

為了在愛情中重建適度依賴，過度依賴者必須克服自我中心、迎合和不安的性行為，而疏離者則需要克服表面親密、防備和機械的性行為。

女發生了衝突，兩人卻選擇閉口不談，他們讓愛倫知道的只是最表面的情況，把她阻擋在生活中私密的部分之外。

愛倫的行為揭露了疏離的愛情基礎：逃避型依附模式和「只能靠自己」的關係劇本。這種組合產生了保持距離的愛情模式，是一種疏遠、不開心、壓抑浪漫和浪費感情的關係。

保持距離的愛情模式

在保持距離的愛情模式中，真正的親密關係被表面親密所取代，坦誠交流被防備所取代，而激情則被機械的性行為所取代。我們來更仔細地分析。

表面親密

疏離者難以信任他人，意味著他總是選擇自我認同，而不是親密感；他獨立、依靠自己，而非相互信任和分享彼此脆弱的一面。無疑地，疏離者根本不知道什麼叫作親密（可能從未經歷過）。伴侶建立真正親密關係的努力，可能只產生表面的親密。**沒有感情的付出和回饋，沒有分享，也沒有終身伴侶的感覺。**

防備

疏離者害怕與人親近，他們的溝通傾向於表面化，甚至是防衛性的。疏離者可能會週期性地討論一下「關係問題」，但是哪怕是此時，**他們關注的也並非感受，而是想法——是一些評論，而不是情感。**這種防備阻礙了真正親密關係的建立。

機械的性行為

跟疏離者做愛，有時候只有生理上的愉悅，而沒有情感上的滿足。諷刺的是，關係剛剛開始的時候，做愛似乎伴隨著異乎尋常的激情，甚至是放縱的；後來，就變得機械和無動於衷了。儘管這些特點看起來很古怪，但事實上，這是可預見的後果。**如果沒有承諾，疏離者會很放鬆，並且性生活放縱，然而一旦有了親密感和承諾的約束，疏離者對於距離的需求就顯現出來了，**激情便隨之煙消雲散。

縮小距離，敞開心扉

為了幫助疏離的伴侶打開心房，你要努力縮小你們之間的距離。想克服保持距離的愛情模式，需要花一定的時間，以下幾條策略有助於降低難度。

接受伴侶對親密關係的懼怕

人無法選擇自己的感覺，也不是自願選擇懼怕。伴侶對於親密關係的恐懼可能會傷害到你，但是，你生氣也改變不了這一點，甚至可能會讓情況更糟。**儘管看似不合理，但是幫助對方克服對親密感的恐懼，第一步就是「無條件地接受它」，沒有如果，沒有但是。**接受，能夠卸下你們兩人的壓力。你可以更理性地處理這個問題，減少壓抑的憤怒和挫敗感。同樣地，你的伴侶會發現能夠更輕鬆地面對這個難題，而不用分心考慮你是不是生氣或不開心。

承認你自己對親密的需求

接受伴侶對親密關係的懼怕，並不表示你要忘記自己對親密的需求。相反地，當你認可、並接受對方矛盾的心態，就是創造了一個可以溝通的環境，你們能卸下心防，討論你的需要該如何在你們的關係中得到滿足。一開始，你要說明你覺得你們的關係中缺少了什麼，然後**明確而具體地告訴他，你需要什麼。**「我想在看電視的時候，兩個人在沙發上能坐得近一點」，這比「我想要更親密的身體接觸」的表述要好。從可控制的小要求開始，等有了進展，再進行更有挑戰性的改變。別心急，而且要做好偶爾受點挫折的心理準備。關係問題從來不會一帆風順，總是走走停停，前進兩步又後退一步。若忍受不了週期性的「後退一步」，就永遠都得不到「前進兩步」。

同中求異

關係的變化，需要雙方的妥協。不要在地上劃一條線告訴自己（更糟糕的是告訴伴侶）：「你非這樣不可。」如果你真的愛上了一個疏離者，而且決定要讓你們的關係融洽，那麼，你需要平衡自己的需求和對方的懼怕，找到你們兩人都滿意的親近方式。**你可能得不到想要的每一樣東西，但是絕對比不做任何改變和妥協，能得到更多。**

姻親關係中的陷阱

在姻親關係中，有各種不同的挑戰，取決於你的伴侶是過度依賴還是疏離。

● **過度依賴的伴侶：**若你的伴侶是過度依賴的，你很可能會發現，你在跟他的父母爭奪權力和影響力。通常，過度依賴的伴侶會去向父母——而不是你，尋求建議與支持，最後你會感覺到被排除在外。更糟糕的是，一些過度依賴者使得伴侶和父母的關係變得對立：一開始，他會徵求你的意見和支持，轉過身立刻拿同一件事情去問父母。不用說，有時候你和他的父母，想法剛好相反。注意：這很容易變成一場沒有贏家的三角關係遊戲。

●**疏離的伴侶：**若你的伴侶是疏離的，你很可能被迫變成一個「中間人」的角色，在伴侶和他的父母之間來回傳遞信息（隱含的或直接的信息）。如果對方的父母有一位疏離，或兩位都是疏離者，那這個「中間人」角色的壓力相當大，在這種情況下，你會感受到一種很大的「拉力」在讓你調節衝突，解決類似爭端。這種關係遊戲的規則可能很難發現，但是要小心：你愈配合，就陷得愈深，而且當厭倦了「中間人」角色時，你要擺脫也愈難。

不成熟的愛情是：「我愛你，因為我需要你。」
成熟的愛情是說：「我需要你，因為我愛你。」

——埃里希・佛洛姆（Erich Fromm）

控制倒退

不管多麼努力，你都可能發現舊有的消極模式不時會出現，這很正常，並不表示你做得不對。事實上，舊有行為模式偶爾出現，反映了人類心理的基本原則：改變舊習很費心力，遇上有事情導致精神不濟時，都會使有意識的行為變成無意識，早已習慣的行為模式就會暫時重現。有三種情況有損能量，使我們很難克服過去的壞習慣。

- **壓力：**壓力會削弱我們的身體和精神能量。受到壓力時，你調用身、心兩方面的資源，來因應困擾。你感到焦慮、緊張和擔憂，耗費很大的能量來控制這些負面感受，而這些能量原本應該用來強化新的行為模式。
- **疲勞：**疲勞跟壓力一樣，會占用你的精神能量。在勞累的情況下，我們往往得付出額外的努力，來完成一些平時不必多想就能完成的簡單任務（比方說沖咖啡）。處理這些任務分掉了原本可花在其他事情的心力。所以在經歷一個不眠之夜後，出現暫時倒退是很正常的。
- **分心：**你很難做到同時對兩件事情給予注意。所以為什麼你邊打電話，邊寫支票時，很容易出錯；為什麼邊開車邊罵小孩，很容易導致車禍。如果你同時做兩件事，就會兩件都做不好（心理學家稱為「注意分散效應」），因為你將精神能量分散到兩件事情上了，舊有行為模式就很可能重現。

重建愛情關係

如果是你（而不是你的愛人）有保持距離的愛情模式，要注意：你們的關係有點危險。為了加深感情，你需要重建兩人的關係。你必須學會讓自己在情感上更敏銳，並且讓伴侶幫助和支持你。透過在愛情關係中練習適度地依賴，你可以放下自我保護，而不太會感到恐懼和有威脅感。

記住你在哪些情況下尋求過幫助

找機會向伴侶求助或尋求支持，同時記住是哪些情況促使你提出要求，這將幫助你不混淆求助和無能，也不會因此懲罰自己。**回憶過去面臨類似情況，並且完全靠自己解決，可以幫助你正確地看待求助行為。**你會發現，自己沒有失去獨立解決問題的能力，只是主動選擇了另一種處理問題的方式而已，而這種方式能強化你們的關係，幫助你獲得新的技巧，並有助於因應各種狀況。

重新定義「求助」這件事

重新為「求助」下定義，能使你在尋求幫助時，好過一些。不要把求助當作無能的標記。**把求助看成是「與伴侶建立關係」的一種策略，這對你們倆都有好處。**別將接受他人幫助看成是脆弱，而把它看作堅強的表現，因為對你來說，求助是一項新挑戰，是一件很有難度的事情（雖然其他人可能不這樣認為）。

把重建關係看作一種成長

許多人會將成長與自力更生的概念相連，這是來自童年的影響。然而，對於疏離者來說，情況正好相反：**成長意味著關係的重建，而非隔離。**當你這樣想，就更容易將求助看作成熟的記號，開始改變原本「只能靠自己」的關係劇本。同時也會發現，求助行為實際上反映了你初露端倪的成長動機。

換一種方式

如果做不到向伴侶求助，就換一種方式：**不是尋求幫助，而是提供幫助。**提供幫助是增加親密感的另一種方法，而且給了對方回報你的機會，進而，你可以練習接受幫助和支持。這樣一來，整個過程就變得不那麼令人恐懼了，並且你也能更容易、直接和坦誠地提出要求。

茱蒂和班尼的婚姻，籠罩著強烈的不安全感

茱蒂和班尼來找我們做婚姻諮商時，認為兩人的核心議題是相互吃醋和不安全感。不管他們給了對方多少承諾（相信我們，是「特別多」），同樣的問題還是一再出現。他們兩人擔心，婚姻就要被這些幾乎每天都會發生的老問題徹底毀了。

心理師通常會發現，夫妻抱怨的問題僅僅是表面的，它掩蓋了更深層、更麻煩的議題，但是在這個案例中，茱蒂和班尼是對的。他們的婚姻確實被雙方強烈的不安全感所傷。班尼的憂慮總

是圍繞著妻子過去的戀情，即使她再三保證，他還是確信自己永遠不可能帶給她比過去更好的性生活。茱蒂的不安全感則在於她覺得自己頭腦不好，沒有上過大學，不像班尼的同事那麼聰明和有趣，所以不那麼值得他愛。

在婚姻諮商中，茱蒂和班尼不僅帶來了一些很有用的洞察，也很真誠地為對方付出，並且承諾要讓婚姻變得更好。這些為我們的諮商提供了很好的基礎，我們將幫助他們改變「對抗性依賴」的模式，在愛情關係中，重建適度依賴的技巧。

一開始，我們協助班尼克服他對性生活的不安全感。我們鼓勵茱蒂有具體表現，而不是在床上花更多時間來增強班尼脆弱的自信。運用角色扮演練習，幫助班尼在性行為過程中，與妻子坦誠交流，包括更坦白、直接地要求她做一些取悅他的行為，同時也按照她想要的方式滿足她。我們要求班尼不能為了索取安慰而做愛，他必須時刻關注自己的非語言訊息，這樣他的肢體語言和面部表情就不會傳達出不安全感，也就不會讓茱蒂難堪。

同時，我們也試圖幫助茱蒂擺脫在頭腦方面的自卑感。一開始，先鼓勵茱蒂在關係中創造一些空間，建議她參加社區大學的成人教育課程。她上了文學課，成績非常好，同時在家庭生活之外，建立了朋友圈。在協助同學完成一份很難的作業之後，她變得更有自信，並且能自然地求援而不再覺得自己笨。茱蒂現在將求助看作是一種成長，她的情緒協助能力得到了強化，如今，她已能求助，而不認為自己無能。

茱蒂在學習上的成就，幫助她獲得在智力和適度依賴技巧方面的自信，這是不管多少安慰和保證都無法建立的自信。而這份自信，使她在性生活中更自然和熱情，她覺得與班尼的性生活更令人滿足，而她的快樂反過來也讓班尼更有自信了。

舊情人與前任

許多人都經歷過一段或更多段的感情，儘管舊情人早就離開，但是這些潛在的陰影，可能導致我們現在的愛情關係產生一些矛盾。這是一個很難處理的問題，取決於你（或者你的伴侶）是過度依賴，還是疏離。

●過度依賴的挑戰

對於過度依賴者來說，過去的感情帶來的挑戰就是「嫉妒」。大多數過度依賴者在開始一段感情時，都缺乏安全感，對伴侶的舊情人的想像，會使他們無法承受。如果你的伴侶是過度依賴，與他談論你過去的關係，可能引起他近乎荒謬的猜忌和嫉妒，他們會永無休止地跟你的舊情人比較。若你與過度依賴者交往，高中和大學同學的聚會將會是嫉妒高發的場合。

假如你自己是過度依賴者，那麼，你需要有意識地控制自己不對伴侶的舊情人反應過度。對於過去的事情，你要這樣想：你的愛人已經選擇跟你在一起了，而不是他們。不要反覆談論這個話題，不斷要對方保證過去的關係已經結束（或者這段感情比以前的感情都「更好」）。相反地，你可以把它當成一個學習適度依賴技巧的機會。你要控制自己的不安全感，接受這樣一個事實：在伴侶的生活中，過去和將來都會有其他重要的人存在。

疏離的挑戰

對於疏離者來說，愛情中最主要的難題之一就是一夫一妻制。疏離研究專家馬丁．坎特（Martin Kantor）發現，在疏離者當中，「婚外情」居然是很常見的現象，原因之一是：婚外情使疏離者獲得身體上的親近感，同時又不用背負情感上的親密，以及隨之而生的承諾與脆弱。

如果你的伴侶是疏離者，要注意他們對於空間的需求，跟他們建立關係時，你要慢一點，謹慎一點，如此便不會嚇跑他們。容忍倒退（這一定會出現），並接受對方對於距離和控制感的需求。記住：適度依賴包括關係彈性，因此，你建立關係的方式和時機也非常重要。

若你自己是疏離者，你要注意自己在這段關係之內和關係之外的行為與動機。你可能會受到誘惑去尋求不用付出感情的身體接觸，問問你自己：這真的值得你毀掉目前的感情，以及和它相關的一切嗎？

下章預告

將適度依賴技巧運用在友情

同樣的適度依賴策略，也能運用於友情嗎？是，也不是。心理學家愈是研究友情的要素，愈發現友情自有其獨特的益處，同時也有其獨特的挑戰。

友情帶來的快樂或許不同於愛情，然而，其重要性絲毫不亞於愛情。在第五章，我們將討論如何運用適度依賴技巧來加深友情，以及對於過度依賴或者疏離的朋友，你可以運用哪些策略，使友誼能好好地發展下去。

如果你愛一個人，放他走。
若他回頭了，那他永遠都是你的；假如他不回頭，那他永遠也不是。

——佚名

第五章
朋友間的適度依賴

朋友就是了解我們的本質，而仍然愛我們的人。

麥克：「我們是團隊，不是應該互相依靠嗎？」

「麥克，你忙嗎？」

「傑森，真高興你來。請進。」

「謝謝，打擾了。我知道你現在有多忙，但……我想跟你談點事情。」

「聽起來好像不是什麼好事。」

「有點吧，也不全是。我的意思是，我們已經是很多年的朋友了，我覺得我應該讓你知道這件事。」

「什麼事？怎麼了？」

「呃……我問你，你有沒有聽說關於那個專案的事？」

「完全沒有。怎麼了？」

「麥克，我講了你別生氣，好嗎？」

「好。」

「是這樣的，昨天下午開會時，安德莉亞有點對你發火，她要你別再整她和大家了，你記得嗎？」

「呃，對，但是你知道安德莉亞能怎麼……」

「麥克，不只是安德莉亞……」

「什麼意思？」

「我的意思是，她是在會議上說。你不在的時候，其他人也都在你背後這麼講。」

「大家在背後講我？講我什麼？」

「呃，基本上就是安德莉亞說的那些，覺得你太依賴大家了，你總是纏著人，要他們提供想法和建議之類的……」

他們要得太

黎巴嫩哲學家及詩人紀伯倫（Kahlil Gibran）曾寫道：

你的朋友是來回應你的需求……
因為在友誼裡，不用言語，
一切的思想，一切的願望，一切的希冀，
都在無聲的歡樂中發生而共享了。

紀伯倫在八十多年前寫的詩，道出了友誼的真諦。許多老朋友對彼此的願望、感受和恐懼如此熟悉，而真的可以進行「無言的交流」。這種親密感是友情最大的快樂之一。但是，如果雙方沉迷於這段關係，迷失了自我，也可能導致一些問題。

因此，友誼中的適度依賴最大的挑戰就是：**在維繫關係的同時，也保有自己獨特的個性。**你跟你的朋友是兩個不同的、獨立的人。

這一章，我們將要討論友誼中的適度依賴策略，幫助你縮短與疏離朋友的距離，從過度依賴的朋友那裡獲得一些自由呼吸的空間。

「麥克，不只是安德莉亞……」

「什麼意思？」

「我的意思是，她是在會議上說。你不在的時候，其他人也都在你背後這麼講。」

「大家在背後講我？講我什麼？」

「呃，基本上就是安德莉亞說的那些，覺得你太依賴大家了，你總是纏著人，要他們提供想法和建議之類的……」

「等等，我覺得我們就應該互相依靠啊，我們是一個團隊。」

「麥克，我們的確是團隊，但是不管怎麼樣，大家覺得你向他們要得太多了，認為你沒有盡到自己的責任。」

「傑森，我搞不懂。」

「我知道，所以才來找你談這件事。」

「嗯，很謝謝你。那你覺得我該怎麼辦？」

「也許你可以找幾個人談談，改善一下關係之類的。」

「對，你說得對，我應該這麼做。傑森……」

「嗯？」

「你真是好朋友。」

黎巴嫩哲學家及詩人紀伯倫（Kahlil Gibran）曾寫道：

你的朋友是來回應你的需求……

因為在友誼裡，不用言語，

一切的思想，一切的願望，一切的希冀，

都在無聲的歡樂中發生而共享了。

紀伯倫在八十多年前寫的詩，道出了友誼的真諦。許多老朋友對彼此的願望、感受和恐懼如此熟悉，而真的可以進行「無言的交流」。這種親密感是友情最大的快樂之一。但是，如果雙方沉迷於這段關係，迷失了自我，也可能導致一些問題。

因此，友誼中的適度依賴最大的挑戰就是：**在維繫關係的同時，也保有自己獨特的個性。**你跟你的朋友是兩個不同的、獨立的人。

這一章，我們將要討論友誼中的適度依賴策略，幫助你縮短與疏離朋友的距離，從過度依賴的朋友那裡獲得一些自由呼吸的空間。

不同的友誼，不同的往來方式

當研究人員讓人們描述最看重朋友的哪些特質時，有兩個詞被大家反覆提及：「寬容」和「信任」。從青春到老後，我們總希望朋友對我們沒有成見，能無條件地包容我們的怪癖，從不發出疑問或抱怨。我們需要有福同享、有難同當的朋友（就像傑森），不管遇到任何情況，他們都會伸出援手，並且在關鍵時刻，我們能指望他們。

從某種意義上講，所有友誼都非常相似，但也有一些重要的差異。心理學家將友誼分為四類：畢生的友誼、短期的友誼、斷續的友誼和特定情況下的友誼。接下來我們會看到，在每種友誼中，你需要以不同的方式運用適度依賴技巧。

畢生的友誼：關鍵是「避免過度依賴」

畢生的友誼可能會如愛情般炙烈。像戀人一樣，終生好友認為彼此之間有特殊的「牽繫」或「連結」。研究顯示，終生好友常常對彼此的感受和需求特別敏感。也許聽起來有些不可思議，許多人說他們從友誼中獲得的滿足感，絲毫不亞於刻骨銘心的愛情，甚至比愛情更多。

這是畢生友誼好的一面，也有不好的一面：當這種友誼變得太強烈，就會讓人深陷。老朋友之間的相處如此愉快，以致他們忽視了其他人際關係的建立。他們將其他人排除在自己的社交圈子之外，花愈來愈多的時間膩在一起。關鍵是避免「友誼的過度依賴」。你需要學會「依靠」朋友，而不是「完全依賴」朋友。

為了避免過度依賴，這裡提供幾個有用的策略。

把朋友當成「軍師」，而不是「枴杖」

這兩者有微妙的區別，涉及成長動機。首先，檢視自己是如何回應朋友的建議。如果只是讓朋友幫你找一些藉口或理由，你就是在利用他逃避責任。但是，若你就生活中的問題，向朋友請教一些真誠、坦白的建議，就是把他當成「軍師」，而不是「枴杖」。**關鍵是看朋友的建議是否對你形成挑戰，甚至讓你覺得焦慮或不舒服——如果有，那才是好的。**朋友是在幫你，不是扯你的後腿。這樣的友誼能帶給你收穫，在友誼中成長。

有意識地拓展你的社交圈

在親密的朋友關係中尋求舒適感，並沒有錯，但是，為了避免友誼的過度依賴，你必須有意識地把其他人拉進來（不需要總這樣，只是偶爾為之）。剛開始，新朋友可能顯得像個入侵者，他的出現，會讓你收斂你們之間早有默契的小玩笑，使你們之間的互動費勁而拘謹。你可以運用對關係的理解，將新朋友和他的行為分開來看待，進而避免對此不滿。是環境改變造成了這種不舒服的感覺，而不是新朋友的錯。而且你要意識到，**在改變一種長期的友情模式時，不舒服是必然的反應，這些反應會隨著時間淡化。**

不要把友誼當成「零和遊戲」

感覺到新朋友帶來威脅，原因之一是：我們會認為友誼是一種「零和遊戲」，我們相信每個人的感情總量有限，所以對其他人的善意和友好，在一定程度上削弱了我們的友誼。沒有任何證據能證明這個看法（友誼何時變成「有限」的了？）。結論甚至可能完全相反：**新朋友，意味著新關係、新機會，能為友誼注入生機，帶來全新視角。**

友誼的目標

第四章，你檢視了自己對於愛情的目標，第五章一開頭，請你也描述一下自己在友誼中的目標：在你最重要的友誼中，你最喜歡和欣賞的是哪方面？如果可能，你想改變這段關係中的哪些方面？在左列的問題旁寫下你的答案，將幫助你釐清自己在友誼中的長期目標。

- **在我最重要的友誼中，我最喜歡和欣賞的地方是：**
- **在我最重要的友誼中，我最想改變的地方是：**

短期的友誼：首先，要有一個「好的結束」

有些友誼能持續幾十年，有的只能維持幾星期或幾個月。有時候，某種機緣讓兩人走到一起，然後又將他們分開。大學畢業、換工作、搬家……有許多情況，會使正在形成中的友誼變成短期友誼。

太早的分離令人痛苦，然而，並不一定會動搖你們之間已有的連結。為了重建這段友誼並加以延續，首先要有一個「好的結束」。你必須接受一個事實，就是以目前狀態存在的這段友誼，將要結束了。唯有如此，你才能夠在新的環境下延續這段友誼。

以下幾個策略對你會有幫助。

表達憂傷，繼續前行

短暫的友誼也可能產生深刻影響，假裝不在意只會使過渡期變得更難受。如果你發現自己在找理由，說服自己「那段友情沒什麼大不了的」，可能就是在「否認結束」。**最好要允許自己感到悲傷，感覺受傷、挫敗或生氣，深切而徹底地哀悼逝去的友誼。**若只是壓抑，這種不好的感覺會延續更久，最後，你會一直受困於過去，無法放眼未來。當你開始向前看時，運用關係彈性的技巧來促進這種轉變。別以為關係改變了就等於破滅，加強你們之間仍然保留的聯繫，而不是沉湎於對失落的哀痛，難以自拔。

設立更實際的友誼目標

否認結束的一個關鍵特點，就是設定不實際的友誼目標（比如：「我們要每天通電話。」）。剛開始這很正常，這是減輕打擊、面對痛苦的一個方法。這種想法在最初有幫助，但是時間久了，**你必須變得更實際，讓你們之間的互動順其自然地發展，直到形成兩人都可以接受的往來方式和頻率。**對有的朋友來說，可能是每天一通訊息；對另一些人，可能只是偶爾打電話聊聊天。還有一些人，過節時發發祝福就足夠了。

了解遠距離友誼的力量

有時候，我們對於遠距離友誼的期望太多，有時又期望得太少。研究人員帕尼貝克（James Pennebaker）發現，遠距離友誼對身體健康和幸福感有強大的正面影響，因為它提供一個獨特的機會，讓我們能「安全」地釋放負面情緒。經過一些開創性的研究，帕尼貝克發現在喪偶女性中，與從不跟別人分享感受的人相比，會跟遠方的朋友分享感覺的人看起來更樂觀，健康問題也少得多。總而言之，友誼並不一定要面對面地交流才有效。這一切都說明了：**你應該更放開自己，更願意與別人分享生活。**

> 朋友就是了解我們的本質，而仍然愛我們的人。
>
> ——傑洛姆・康明斯（Jerome Cummings）

友誼契約

為了加深友誼，朋友們要滿足彼此的需求。研究人員雅各（Michael Argyle）和亨德森（Monica Henderson）歸納出了潛在的「友誼契約」的幾項原則，在這種契約中，朋友應該：

- 提供情感支持。
- 信任對方，並互相傾訴。
- 給對方真誠的建議。
- 對方有困難的時候，能拉他一把。
- 容忍對方的朋友（哪怕你很討厭他）。

斷續的友誼：重點在「週期性地」重建聯繫

比短暫友誼更複雜的是斷續的友誼，這樣的友情總是週期性地重啟，然後又隨著情況的變化中斷。也許，你每年都在一場會議或研討會上，遇到某個人一、兩次，你們相聚時，非常享受彼此的陪伴，但是一分開，你們幾乎就沒有聯絡。

這種關係裡最大的挑戰就是「週期性地」重建聯繫。與經常見面的朋友不同，斷續友誼的雙方有時候會發現，在沒有聯繫的期間，彼此成長的方向有很大差異。這並不意味著友誼結束，但是在每次重逢時，確實需要積極地重新建立連結。

以下是一些有用的策略。

帶給對方最新的消息

間隔時間愈長，愈得費心重建聯繫。如果間隔時間很長，是幾個月、幾年，而不只幾個星期，需要花點時間了解彼此的生活發生了哪些變化，否則你可能會發現，你們之間缺乏**「共同語言」和「共享經歷」，而這兩者正是讓友誼如此美妙的因素。**相互了解的過程，也是交換看法的好機會，朋友會在一些老問題上帶給你全新視角，同時，你在描述目前生活時，將想法轉換成語言說出來，顯然也加深了對於自己所處的狀態，以及自己想要什麼的理解。

理解友誼的目標

「關係彈性」在這裡很重要。這類朋友不是在你急需幫助時的最佳人選（比如大病後的復元期）。為了避免雙方都感到疑惑和不滿，你要確立，對於這類朋友，你的期待有哪些是實際的，哪些不實際。在一定程度上，需要好好釐清自己的人際關係目標：**你需要從這段友誼中獲得什麼？你又能付出什麼？你希望這段關係有多親密？你生活中的哪些部分，是需要保留隱私的？**

調整你的行為，以符合目標

一旦有了關於這段友誼的目標，便要相對應地調整你的行為。你可以決定是否要更常見面（比如週末偶爾拜訪），還是維持目前見面的頻率就夠。你可以決定是否想邀請對方參加正式的家庭聚會（例如婚禮），或是不把這些事情混在一起。不管你選擇什麼方式，要記住：當環境發生變化時，你的友誼目標也會改變。**你的行為都要符合自己不斷變化的需求。**

特定情況下的友誼：「保持界限」很重要

在某種程度上，最富挑戰性的友誼，就是在特定情境下產生的友誼，比如：工作夥伴，同一個治療小組或慈善組織的成員。大部分的人都有這種特定情況下的友誼，亦即在某個情境下遇到某人，產生友情。結果是，我們必須要面對「界限問題」：我們應該邀請這個人進入自己生活中的其他領域嗎？或者，最好只在特定場合碰面？

這個問題不容易回答。有時候，我們試圖擴展那段友誼，卻發現在那個特定的情境之外，事情就不對了，不管出於什麼原因，這個人與我們世界的其他部分合不來。有時我們選擇維持一道嚴格的友誼界限，這是最保險的做法，但是往往帶來遺憾，我們會想知道，自己是否無意中扼殺了一段可能會更深刻、更令人滿足的關係。

從適度依賴的角度來講，特定情況下的友誼很難處理，以下幾個策略會對你有幫助。

讓友誼順其自然地發展

環境一直在變化，可能一開始是個很好的機會，之後又不是了。也許，你決定為友誼設立界限，但是沒多久就發現，其實你特別喜歡跟這個人在一起，你想要在其他的情境下跟他來往。也許你會發現擴大友誼範圍並不好，你更希望把你們之間的往來限制在特定場合。**你的目標在變化，因此需要運用關係彈性的技巧，嘗試不同的處理方式。**

當心反彈作用

雖然可以重新設立友誼界限，但這也有風險。有時候，我們會經歷「反彈作用」：發現自己討厭曾經打算要更親密的人（比如：「其實我從來就不大喜歡她。」）。反彈作用是一種自然反應，幫助我們重新建立起界限，因為討厭，就更容易與對方拉開距離。**難就難在得控制這種反彈作用，不讓它毀掉這段關係。**對於關係的理解可以幫助我們提醒自己，讓我們覺得受挫的是情境，而不是那個人。記住：你們也許不可能再回到原來的關係，但是過一段時間，你能夠建立起一個讓你覺得舒服的新模式。

> 友誼就像金錢一樣，獲得容易，保存很難。
>
> ——塞繆爾・巴特勒（Samuel Butler）

控制自己不要打破友誼界限

當別人打破我們的友誼界限時，我們很容易看出來。但是，當這麼做的人是我們自己，就不容易意識到了。你要知道，就像你打算與對方保持距離一樣，他也同樣在這麼做。你可能無意識地破壞了友誼界限，你要試著對這件事敏感一點。如果沒把握就問對方一下。**把事情擺到檯面上，便很容易讓朋友告訴你，他目前喜歡什麼程度的接觸，同時你也創造了一個機會，可以敞開心，聊聊自己想要什麼程度的接觸。**

南希和崔娜：一種不尋常的斷續友誼

南希和崔娜從小學三年級開始就是好友，儘管這些年兩人的生活有了非常大的差異，但她們依然是很好的閨密。大學畢業後，南希結束了過去混亂的生活，愈來愈投入管理顧問工作。她很仔細地規劃生活，包括人際關係，並且巧妙解決了所有問題。對南希來說，生活的阻礙只是一個個有待解決的問題而已。

崔娜和南希不同，她從來沒有走出以往的生活。她似乎決定不了要走哪一條路，經常換工作。崔娜的生活總是被許多短暫、炙熱的愛情打斷，每段感情模式都差不多：遇到某個人，陷入熱戀，最後通常以大吵一架告終，不久，她又會跟另一個人重演一遍整個過程。

崔娜全心投入每一段新戀情，導致與南希的關係變成一種不尋常的斷續友誼：當崔娜沒有男朋友時，總是和南希在一起，就像以前一樣。然而，一旦她展開新戀情，南希可能會好幾個星期都沒有她的消息，有時候是幾個月。然後毫無預兆地，崔娜又出現了，兩人又重拾友誼。

崔娜來找我們，因為多次失敗的愛情讓她在感情上受到很多傷害。但她（或者說我們）都沒有想到，治療的重點很快就轉移了，因為崔娜察覺到自己有多羨慕南希，意識到兩人的友誼對她多重要。

一開始，我們的重點放在幫助崔娜重建愛情關係中的適度依賴。而我們很快就發現，甚至崔娜自己也發現了，她失敗的異性關係只是一些更深層議題的表象。當她敘述自己的生活時，一再提到她和南希的關係。崔娜非常羨慕好友，把她理想化，而且竭力仿效她。不意外的是，崔娜同時也對南希心懷許多不滿，嫉妒南希事業成功、她的冷靜，還有她能夠像成年人一樣面對人生的挑戰。

在南希身邊，崔娜覺得很快樂，但是也很害怕，因為在崔娜的內心深處，覺得自己永遠不可能擁有南希的優點。說出這些時，崔娜意識到一些對她而言很重要的事情：她不是為了從失敗的愛情裡逃開而回到南希身邊，相反地，每當她覺得對南希的矛盾情感快暴露時，她便一頭栽進愛情裡。

一旦崔娜覺察到這些，接下來的進展便（相對）容易。我們不去關注愛情，而是幫助崔娜分析她對南希的複雜感覺，重建她在這段關係中的適度依賴技巧。我們幫助崔娜探討她的友誼目標、愛情目標，以及兩者之間的連結。當治療快結束時，崔娜甚至讓南希也參與了一次，這樣一來，能讓南希知道崔娜將會產生的變化，以及她希望未來會是什麼樣子。兩個星期之後，治療結束了。

過了很久，我們都沒有崔娜的消息，直到一年前，我們收到一封信。崔娜搬了家，她和南希的關係變成了遠距離友誼，兩人經常通電話、寫信分享生活點滴。雖然她們的友誼產生了變化，但兩人還是很親密。隨信一起寄來的還有崔娜婚禮的照片，崔娜和她的伴娘手勾著手——南希的笑容跟崔娜的一樣燦爛。

友誼的演變

明尼蘇達州立大學的研究者威拉德・哈塔普（Willard Hartup）發現，人們在成長過程中，會運用不同的標準選擇朋友。友誼的演變，經過以下三個不同階段。

●**第一階段：方便性。**孩子在三歲左右開始交朋友，這時，朋友大致都是基於「方便性」而選擇。離得近最重要，孩子們傾向於花更多時間跟隔壁小孩玩，而不是住在幾條街外的小孩。

●**第二階段：價值。**進入青春期後，擇友標準發生了變化，選擇朋友是基於他們能為我們做什麼。我們看重舒服的感覺和相互信任，但有時會與青春期想和受歡迎、地位高的同儕往來（那樣我們就可以是「一夥的」）的想法，產生衝突。

●**第三階段：相互依存。**長大成人後，我們更注重朋友的內在特質，像是幽默感、興趣、態度、道德觀等。從中年到老年，我們更關注相互依存，共同價值觀、相同愛好、信任和可靠，變得尤其重要。

與過度依賴的朋友重建關係

想像一下：你參與一項心理學實驗，同意完成一系列的性格測試，並且今後四週都隨身攜帶一本小日記簿，每天從預設的一百一十二個形容詞中，挑選一些來描述你的社交活動，記在日記裡。四週後，把這本日記交給研究人員做分析。

當我們分析這些日記時，關於依賴和友誼方面有一些重要發現：適度依賴者能夠直接、恰當地向朋友尋求幫助和支持，大多數情況下，也都能獲得所需的幫助。適度依賴者同樣會提供朋友幫助與支持，而且是以強化關係、讓朋友容易接受的方式。

在參加實驗的人之中，消極的過度依賴者表現出不同模式，他們是透過「暗示」，而非直接提出要求。他們很少幫朋友，而且當他們出手相助時，通常都有附帶條件。與過度依賴者的互動是勉強、麻煩的，雙方都有很多誤解、溝通不良，以及信息遺漏。

這個故事的寓意是：儘管你在所有關係中都是適度依賴，但某些友誼可能需要你付出額外努力。若你在乎的某個人是過度依賴，那麼，你需要建立一種新的往來模式，同時改變舊模式——直到過度依賴的朋友改變不健康的習慣和自我挫敗的關係模式，真正帶來滿足感的友誼便形成了。

與過度依賴的朋友重建關係的第一步，就是辨別過度依賴的跡象。一旦診斷出問題所在，你將能更有效地處理。

友誼的性別差異

英國心理學家約翰．亞徹（John Archer）發現，在西方社會中，友誼模式有性別上的差異。大多數男性和男性之間的友誼是奠基於活動，男性之間的往來傾向於共同做一些事情，但是沒什麼情感上的親近。女性與女性之間，以及男性和女性之間的友誼則相反，通常都是建立在自我揭露（分享感受和祕密），更容易產生情感上的連結。

基於這些現象，很容易做出這樣的結論：男性的友誼傾向於疏離，而女性的友誼傾向於過度依賴。但是，亞徹質疑這個結論。他指出，友誼的性別差異儘管確實存在，但並不明顯。男性可能比女性更少分享情感經歷，但是他們同樣會與熟悉且信賴的同性分享一些個人想法。女性可能在情感上比男性更開放，但是她們的友誼，也有很大一部分是基於共同興趣。

對友誼與性別的研究愈多，就愈是發現：我們的共同之處比差異多得多。不僅友誼的性別差異比想像的小，而隨著傳統的性別角色變得愈來愈模糊，不斷地在縮小。

友誼「過度依賴」的跡象

不安全感、占有欲和過分認同，這些是你正跟過度依賴的朋友來往的主要跡象。

不安全感

不安全感有各種不同的表現，從無止境地要求安慰（而且根本就沒用），到毫無目的地頻繁打電話（不只是為了確認你還在）。不管是什麼方式，**少了安全感的友誼，通常反映了缺乏自信、脆弱的自尊**，當你要幫助朋友改變他缺乏安全感的行為時，需要記住這一點。了解這種不安全感的由來，你便能遠離情緒化，而更理智地處理事情。

占有欲

當不安全感成為關係的一部分時，隨之而來的就是占有欲。在一定程度上，缺乏安全感的朋友覺得自己不值得你關注，並認為最後你一定會對他失去興趣，然後離開他。當有占有欲的朋友覺得受到威脅時，第一反應就是在你周圍建一道保護牆，試圖將其他人隔絕在你的生活之外。若你建議帶其他朋友一起去旅行，將遭到強烈抵抗（他會有一連串無力的理由，解釋為什麼不能帶別人去）。你要記住，**不管朋友將你和外界隔離的企圖有多明顯，他都完全沒察覺到自己的行為及可能造成的影響。若你把一切挑明，他可能會感到震驚，甚至憤怒。**

過分認同

我們不時會遇到這種情況：你買了一雙新鞋或新衣服，一、兩天後，朋友也穿了件一模一樣的。這可能讓你覺得開心，也可能會心裡不爽，取決於你的心情，但是有一點是肯定的：如果這種仿效行為過多，就反映了深層的友誼問題。無疑地，我們都會模仿自己尊敬的人，所以小孩會模仿父母，青少年會仿效搖滾明星。但是，當認同漸漸轉變為「過分」認同，便會出現問題，使兩個人之間的界限變得模糊。**若你開始感覺到自己的一舉一動似乎都被關注著，而且你的朋友以一種不健康的方式認同你，這時候，你就要提高警覺了。**

在關係中，創造空間

一旦你發現友誼中出現過度依賴的徵兆，那麼，你下一步需要做的是：避免陷入不適度的關係遊戲和關係陷阱。以下是三個有用的策略。

控制不安全感／被遺棄的恐懼

為了幫助過度依賴的朋友控制缺乏安全感的表現，首先，讓我們跳脫朋友的行為，來看看其根源。你也知道，問題的根源是脆弱的自尊和被遺棄的恐懼，你要嘗試以某種方式來激勵朋友的自信，同時向他保證你不會離開他。如果朋友很依賴你，別生氣，而是關注他有多麼恐懼。很可能，他是失去了自己的成長動機，他沒有前進的意識，而只是在維持現狀。你的朋友知道的唯一點是，他必須牢牢地抓住你，他愈緊張，就會愈黏著你。**你必須幫助他理解，你們之間的距離並不代表有危險，即使你們的關係有了改變，你也還是會這樣待他。**

設立界限，保持界限

有同情心，並不表示屈服於朋友的恐懼，或者每次當他覺得焦慮時，你都得義無反顧地去救他。相反地，同情心應該用來為你們的關係「創造距離」。當你關注對方的感受，而非他令人不快的行為時，你可以開始溫和地設一些限制，然後堅決地保持界限。

若他太常打電話找你，要讓他知道你太忙了，沒時間跟他講話，但是一定要溫和地說，而不要生氣。如果你覺得被打擾了，要讓他知道你受不了，需要一些私人空間。不要過分地辯解或者太詳細地描述你的痛苦感受，那只會導致一場權力拉鋸。你只要說出你的想法，並且堅持住就行了。

假如你的本意是要努力地創造人際空間，結果卻加深他的不安全感，你也別驚訝。對於過度依賴的朋友來說，這是自然反應，但是**在關係轉變的過程中，這麼做是關鍵，若你不保持界限，所有努力將付諸東流，已經取得的進步也就前功盡棄了。**

鼓勵朋友適度地獨立，形成個體化

若在限制朋友缺乏安全感的行為之外，同時也鼓勵他適度個體化，更容易創造人際空間。鼓勵適度地獨立有許多方法，但目的都一樣：**幫助朋友建立新的人際關係，培養新興趣，感到自**

己更堅強、更自主，因為他不再依賴一、兩個人來獲取所有的情感支持。要鼓勵他適度地個體化，你必須有效地阻止「過度認同」（比如誠實地告訴朋友，這讓你覺得不舒服），鼓勵他參加其他活動，像是講座、課程、慈善機構、社會團體等，這些活動有助於他建立新的人際關係。以這兩種方法雙管齊下，過度依賴的朋友就能夠開始建立他自己的身分認同，而不是只對你認同。

與疏離的朋友重建關係

對於過度依賴的友誼，最大的挑戰是朋友的「不安全感」。而對於疏離的友誼，最大的挑戰是「操控問題」。疏離者缺乏信任，總是運用微妙的關係遊戲來操控友誼。這些遊戲可能完全出於無意識，通常反映了存在多年、反覆排演過的關係劇本。你要做的就是幫助朋友感到安心，一點一點地卸下防衛，但是同時，你也要避免陷入控制遊戲之中。

當朋友是疏離者，友誼中的問題可能有所不同，不過，在友誼中重建適度依賴的過程都差不多：首先，你要藉著辨別友誼疏離的跡象，診斷出問題所在，然後必須去直接面對這些問題。

友誼「疏離」的跡象

友誼疏離的跡象可能很微妙，可是若你知道怎麼去看，便很容易能發現。隱藏的敵意、無止境地追隨，還有友誼的控制遊戲，這些是你應該關注的點。

隱藏的敵意

疏離者對於友誼是很矛盾的，他們迫切地希望與他人建立連結，然而當別人開始靠近時，他們又感到焦慮和充滿壓力，所以**假如你從疏離的朋友接收到矛盾的反應，沒什麼好意外的。**表面上，他們似乎接受了你的建議和邀請，但是內心可能潛伏著敵意。通常這種敵意不會直接表達出來，而是表現為尖刻的言語或被動的攻擊行為（比如遲到，或者在最後一分鐘突然取消約會）。不管形式如何，隱藏的敵意都是友誼疏離的一個信號。

無止境地追隨

疏離者處理煩惱的一種方法，就是強迫身邊的人扮演「追隨者」的角色。若你發現自己正在扮演這樣的角色，**你會感到友誼是「不平衡的」——在你們的關係中，你投入得比他多，而為了維持這份友情，你還得更努力。**

在某種意義上，這種感覺是對的，如果你不付出努力，你們的關係可能會變淡。不過，在這種互動中還有一層隱含的意思：你疏離的朋友太不信任別人了，他是在考驗你，看看你會不會做得更多。每一次你開始追隨他的時候，他會暫時相信你不會拋棄他，但是這種感覺持續不了多久，這也是追隨遊戲必須一再重演的原因，佛洛伊德稱為「強迫性重複」。

諷刺的是，大多數人最終會厭倦追隨者的角色，所以事實上，疏離者常常會被拋棄。疏離者實現了自己的「預言」，而結果只是強化了他內心最深的恐懼。

控制遊戲

無止境地追隨，是疏離者維持控制感最常見的方法。但是，他們也有其他方式。每當疏離的朋友讓你努力去發起活動，要小心，這可能就是友誼的控制遊戲。

控制遊戲的徵兆很難察覺，「拒絕你提出的每一個建議」往往是其中之一，比如他對每一家餐廳都不滿意，覺得每一部電影都沒意思。

要辨別友誼的控制遊戲，關鍵是：**不要關注朋友在做什麼，而是關注他這麼做時，你是什麼感覺。**若你發現自己因無法提出「正確的」活動而受挫，並且一直困擾於要想出一個更好的主意，那麼，你已經捲入了這場控制遊戲，並且陷入了控制權的拉鋸戰。

打破高牆

為了與疏離的朋友重建連結，你必須找出辦法，避免疏離的友誼陷阱，以及與其相伴的控制遊戲。以下是三個有用的策略。

處理隱藏的敵意

要處理隱藏的敵意，只有一個辦法：公開談論它。

當朋友言語尖刻時，讓他知道，你被他的話傷到了。當朋友突然取消約會或遲到時，告訴他，你生氣了。如果對方聽到你這麼說而感到非常驚訝，你也不要覺得奇怪，他可能對於自己隱

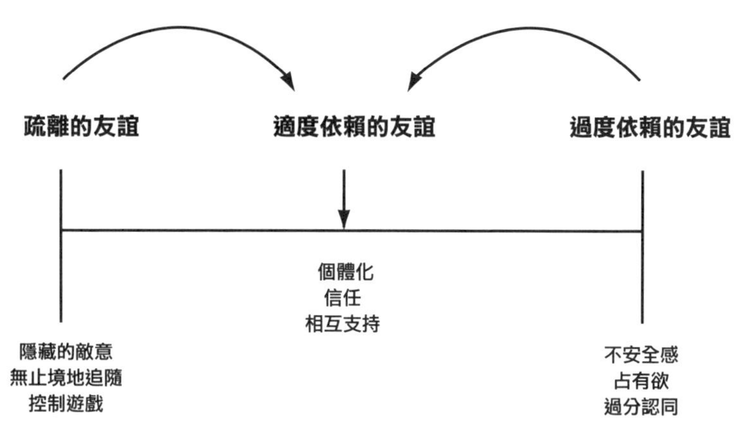

適度依賴的友誼

如圖所示，適度依賴的友誼，特徵就是個體化、信任和相互支持。
要達到這個目標需要不同的策略，這取決於你的朋友是過度依賴，還是疏離。

藏的敵意及表達出的形式，完全沒有察覺。

處理隱藏的敵意，有個重點就是：避免過度去分析這些行為的意義或者適不適當，**只要簡單地告訴對方你生氣了，而且你不希望他繼續這麼做**。不要爭論這些行為是不是代表「真的」敵意（甚至不要用這個詞）。在這種場合，感覺是最重要的，不需要詳細解釋。「這種行為讓你覺得不舒服」，這個理由就足夠了。

不要參與控制遊戲

避免爭論行為的真正意義，理由之一是：爭論將引發新的控制遊戲。

疏離的朋友會專注於說服你接受一些你不喜歡的事物，而不是反省他自己自我挫敗的行為模式。你愈不讓自己參與這種控制遊戲，就愈容易打破你們之間的那堵高牆，與朋友重建連結，所以，一旦你察覺這個跡象，就要一步步加以削弱。如果每一家餐廳他都不滿意，你就不要再提建議了。假如每一項活動他都覺得沒意思，你就不要再發起活動了。

相反地，**你要讓他承擔一些責任，鼓勵他投入心力來發起活動。**朋友一開始可能會很抗拒，可是若你讓他開了這個頭（一開始他可能比較笨拙，你可以幫他一些），這將是很好的成長經驗，能讓你的朋友獲得自信，並提升他的關係彈性。

改變權力平衡

當你讓隱藏的敵意檯面化，脫離無益的控制遊戲，權力平衡就會開始發生變化。你不會再覺得自己是個「追隨者」，也不用為了維持你們的關係而付出大量心力。諷刺的是，**當疏離的朋友開始放棄權力，他的自信才能真正提升，**這些經驗將使他發現，其實放棄一些控制也沒什麼不安全。他能夠信任你（你不會離開），並且能在更平衡的、更健康的人際關係中，獲得安全感。

趨避衝突

當你想約某人，卻又害怕被拒絕的尷尬，你便處於趨避衝突的狀態，你感到被吸引（你想接近那個人），同時又害怕（你想著：「若他當面嘲笑我，怎麼辦？」）。

這是一種讓人很難受的感覺，因為不管怎麼做，你都得拿一些重要的東西去冒險（如果被拒絕，有損自尊；假如向恐懼投降，可能失去一段很美好的友誼）。

請你也試著理解，對於疏離的朋友來說，任何社交活動都包含趨避衝突：既想建立連結（趨近），卻又怕卸下心防後會受傷（逃避）。理解這些，便更能有效處理疏離者的矛盾情結。以這種方式重新看他們的行為，你就不會那麼困惑和挫敗了。

一九五〇年，洛克斐勒大學的尼爾．米勒（Neal Miller）和同事約翰．多拉德（John Dollard），首次發表趨避衝突的作用原理。這項發現到今天依然適用。

下章預告

家庭中的適度依賴

家庭關係兼具了最炙熱愛情的情感強度，以及最深的友誼那種無話不說的親密。與其他人際關係相比，家庭關係承載了更多情感，而且更有活力。

年復一年，我們與父母、兄弟姊妹待在同一間房子裡，我們卸去防衛，顯露出真實的內心。舊有的行為模式以古老的、驚人的方式，一再重複上演。「家庭」這個場合，既會進一步加深過度依賴，也強化了疏離。

無疑地，家庭聚會是高風險的場合。即使你努力學會許多適度依賴的技巧，但是與家人的互動，最容易引發倒退。

要運用適度依賴的技巧來改善家庭關係，是一項挑戰，不過，如果冷靜且從容地面對，這是可以掌握的。在第六章，我們將探討家庭裡的適度依賴，以及如何與父母、兄弟姊妹，以及其他人重建連結。

第六章

家庭中的適度依賴

家庭在很多看不到的方面影響著我們，
這種強大的控制力持續一生。
我們會在親密關係中，
無意識地重複原生家庭的相處模式。

愛倫：「問題不在別人，而在我自己。」

四點十分，會議開始了。愛倫先檢視最新一季的業績，接著，戴夫談起將在鳳凰城舉辦的展覽，每個人都感到很厭煩，開起毫無新意的玩笑，抬出千篇一律的藉口，爭論著應該由誰代表公司去參展。最後終於又輪到愛倫發言。她提及自己對下一季的計劃，發給每人一份營銷策略摘要，開始逐項說明，剛說到第三點時，響起了敲門聲，泰瑞莎探身進來。「抱歉打擾你們。愛倫，你母親打電話來。」

先是一片寂靜，接著愛倫笑出聲，聽得出她在掩飾緊張。

泰瑞莎繼續說：「她說很重要。」

愛倫感到自己臉紅了。她低頭看看錶，也不知道為何這麼做，然後又看著泰瑞莎。「告訴她，開完會後，我會馬上回電話，最多十五分鐘。」

會議結束後，愛倫回到辦公室，電腦螢幕顯示有一長串未讀郵件，桌上堆了一疊文件。她嘆了口氣，揉揉眼睛，靠在椅背上，決定在開始做這些工作之前，先給母親回個電話。

鈴聲響了大約七、八次，沒人接聽，過一會兒再重撥，還是沒人接。她提醒自己，處理完其他事情後，要記得再打過去。

四十分鐘後，愛倫的電話響起，是麥克來電，聲音驚慌失措，語氣匆忙而尖利，說得好快。愛倫叫弟弟慢一點，否則根本聽不懂他在說什麼。麥克深吸一口氣，從頭說起：母親在急診室，她頭暈，在廁所的墊子上絆倒了，摔倒在浴缸旁，弄傷了髖部，現在準備動手術。「快來！」他催促著，「盡快趕過來，我們需要你在這兒。」

愛倫抓起隨身物品便衝出門，等電梯時，跟泰瑞莎解釋了一下情況。到了一樓，她攔了一輛計程車，在尖峰的車陣中艱難前行。

計程車緩緩駛過市中心。儘管天氣很冷，愛倫還是把車窗降下來，拉拉衣服感覺一點新鮮空氣。她倒在椅子上，試著不去注意車子動得有多慢。

隨著車子駛動，愛倫逐漸產生了一種奇怪的感覺。起先她還無法確定那是什麼，接著它突然冒出來，從模糊的感受變成了清晰的念頭。她緊緊抓住門把，讓自己平靜下來。老天！如果那通電話……有可能是母親在暈眩時打來求助的嗎？是因為自己沒有接電話，這一切才發生的嗎？……

愛倫坐在車裡，默默地任思緒飛馳，接著有個想法突然擊中了她：她所面臨的問題、其他人的沉默、錯誤傳達的意思，這些既不是詹姆斯或梅麗莎造成的，也不是公司員工的錯。多年來，她第一次清楚地察覺到關於自己，一個令人困擾的真相：問題不在別人，而在她自己。

人永遠無法脫離自己家庭的影響，它在很多看不到的方面影響著我們，這種強大的控制力，持續一生。即使長大成人，我們仍然是父母的孩子，而任何偉大的成就，也改變不了我們是某人的兄弟姊妹。

愛倫尚未意識到這一點，不過她很幸運，她剛剛發現了關於自己的一個重要真相，這會幫助她重建已經失去很多年的適度依賴。對愛倫而言，積極的改變馬上就會發生，她將重建與家庭成員的關係，他們是這世上最了解她的人。

釐清家庭系統中的角色、聯盟和權力中心

一九七六年，家庭治療的先驅傑・海利（Jay Haley）概括了家庭系統理論的基本原則，這一理論把家庭看成發展進化的動態系統。海利指出，為了理解家庭的某個功能，你不僅要了解家庭中的每個成員，還要知道他們是如何互動及彼此影響。

海利的「家庭系統理論」是在家庭關係中，促進適度依賴的關鍵，使我們認識到滋養了家庭內部的過度依賴和疏離的力量。

接下來我們來看看，家庭系統理論是如何解釋家庭動力的四個原則。

家庭角色

隨著時間流逝，每個人都會形成自己在家庭中的獨特角色。這些角色並非隨機形成，而是對家庭中所發生事件的回應。有一些角色很容易辨別（如：「強有力的」、「無私的照顧者」、「敏感的」、「麻煩製造者」），另一些則比較難。一旦就位，各個角色就會形成一種交互連結的複雜系統，因此，**其中一個角色的改變，會影響其他所有的角色。**

隱性聯盟

家庭成員會形成聯盟。這些聯盟不僅滿足個體需求，也有助於維持家庭現狀和各成員的角色。有些聯盟顯而易見（父母形成聯盟，反對行為不當的兒子）。**另有一些聯盟則是隱性的，有時候隱藏得非常深，連結盟者自己都沒有意識到。**例如，酗酒的母親和她高度自制、無私奉獻的女兒，可能形成隱性聯盟，儘管雙方都聲稱不喜歡這種情形，但她們的聯盟對兩人都有好處，雖然理由不同：母親放棄為人母的責任，以此表達不被承認的憤怒，而女兒讓自己沉湎於照顧者的角色，進而逃避青春期的挑戰（例如逐漸顯露的性欲）。

未來會建立的家庭，比出生的家庭更重要。——林．拉德納（Ring Lardner）

權力中心

角色和聯盟結合起來，形成了家庭裡的「權力中心」，對成員的行為有強大影響力。權力中心可能很微妙，難以識別。酗酒母親與無私女兒就是一個好例子，從母親的酗酒行為中，受益的不僅是女兒（這樣她就不用面對其他難題了），**還包括家庭中的其他角色**：這給了父親一個藉口，讓他可以在情感上疏遠其他人，將自己完全投入工作；還把家庭的注意力從兒子的行為問題上引開，他便能不受約束地和同伴們玩樂。

抗拒改變

家庭成員之間緊密地連結在一起，很難改變，一旦與其他成員建立了可預測的熟悉連結，就算結果再不好，他們也寧可堅持已經形成的角色，而不會去嘗試未知。因此，家庭系統理論有個重要原則是：**當一個家庭成員開始改變時，其他成員會傾向於阻礙這種改變，維持現狀**。這就是為什麼海利在將近三十年前就指出，幫助一個人改變和成長時，你必須先了解，這種改變會對其他家庭成員造成何種影響。

釐清家庭中的角色和聯盟

在改變舊有行為模式前，必須從系統的角度對你的家庭做一些思考。有四個步驟。

● **步驟一：**列出直系家庭的所有成員（父母、繼父母、兄弟姊妹、繼兄弟姊妹），包括你自己（但不包括你的孩子，與他們的關係問題將在第七章討論）。

● **步驟二：**思考每個人的關係模式，並在左方的直線旁做註記，寫下每個人的名字）。

疏離　　　　　　適度依賴　　　　　　過度依賴

● **步驟三：**以不超過兩到三個詞，描述每個人在家庭中的角色。

【成員】：

【角色】：

● **步驟四：**列出你能夠辨別出來的所有聯盟（隱性的或其他的），並簡單地描述聯盟的關鍵特徵（只用幾個詞，最多一句話）。

【聯盟】：

【關鍵特徵】：

現在回顧寫下的內容，可能會發現有一些關於你家庭的事情，過去你從未注意到。把它放在手邊，接下來討論與父母、手足的過度依賴和疏離關係時，你將用得到。

直面親子關係中的依賴與疏離

家庭中的適度依賴有多重要呢？兒童適度和人類發展中心的一項調查，包括了二三〇二對兄弟姊妹，樣本涉及不同的種族與地域。調查發現：家庭中的適度依賴，與「家庭凝聚力提高」及「衝突減少」相關。在其他領域，家庭中的適度依賴也產生良好的效應，比如更能適應學校生活，或減少患憂鬱症的風險。

接下來，我們來探討在成年子女與父母之間，形成適度依賴的策略。

親子關係

從適度依賴的角度看，親子關係非常複雜，因為在生命的頭幾年，我們都有一段很長的時間完全依賴父母。要建立適度依賴的關係，需要先克服這段過往的影響。

然而，之後還有一個與上述完全不同的階段，使得情況更複雜。在青春期，大多數人都會刻意和父母拉開距離，這是正常現象，也是形成獨立的自我認同的關鍵。但是青春期的疏遠行為，會形成第二段疏離的關係歷史，在做出積極改變之前，這個問題也需要去處理。

在與父母建立適度依賴的關係前，首先，我們要直接來看所有親子關係中都存在的：依賴和疏離問題。

「抗拒改變的家庭」與「彈性家庭」

所有的家庭都會抗拒改變，但是有一些情況比較嚴重。研究者區分了兩類家庭：「抗拒改變的家庭」與「彈性家庭」（適應力較好）。

研究結果毫不令人意外，與抗拒改變的家庭相比，彈性家庭更能有效運作，溝通更坦誠，對關係的滿意度更高，支持性的正面互動更多。研究也顯示，由家庭的彈性可以預測家中成員的成就。彈性家庭裡的成員往往擁有更幸福的婚姻，更高的工作滿意度，在身體和心理方面也更健康。

克服依賴，平等往來

為了克服對父母的過度依賴，我們需要修正長期以來的親子角色，打破阻礙改變的隱性聯盟，對抗他們和我們自己的抗拒行為，並開始一個新的個體化過程。以下是每一步的細節。

過度依賴的親子角色

過度依賴的徵兆通常很直接：若你做每個決定都必須得到父母同意，在問他們之前，無法做出任何行動，或者甚至最小的事情（例如買日常用品）都要徵求意見，這表示你形成了過度依賴的角色。有時這些跡象不那麼明顯，你要注意：誇大自己或子女的一些小病，或者暗示父母幫助自己擺脫財務困難，這就是過度依賴父母的一些間接徵兆。

●【策略】

為了改變過度依賴的角色，你需要把用來維持現狀的能量，用於「成長動機」。就從檢視自己的動機開始，**當你有尋求父母贊同或幫助的衝動時，停下來思考自己為什麼這樣做。**若你確實需要父母支持，那很好，你可以繼續。但是，如果求助是因為害怕承擔責任，就不要重複同樣的老把戲了。尋找更好的方法來處理手邊的問題，進而強化你的自主能力，建立自信，逐漸擺脫過度依賴。

有一個有效的策略是運用關係彈性技巧，從父母之外的其他人那裡獲得支持。讓我們重新來看這個情境：你不是無能，只是選擇了一種更合適、更有彈性的求助方式。結合關係彈性技巧與對關係的理解，你就可以改掉一些不良習慣，同時強化適度依賴。

家庭裡的過度依賴聯盟

如果你是過度依賴的類型，要注意：父母中的一方或雙方，可能在無意識間強化了這個模式。父母經常從「被需要」中得到極大滿足，不願意放棄照顧者的角色。在這種情況下，你可能與父母中的一方或雙方結成了隱性聯盟——一個隱含的約定，只要你完成「合約」中你那部分（永遠不做任何他們不贊同的事情），他們就會完成他們那部分（在你陷入麻煩的時候，解救你）。

【策略】

掌控局面。問問你自己：**維持這樣的親子關係，你得到了什麼？這種過度依賴聯盟的代價是什麼？**在紙上列個清單來比較「代價」和「獲得」，能讓你把這種交換看得更清楚。

對損益進行全面檢視之後，下一步是問你自己：**整體而言，這個聯盟帶給你的，是否超過你付出的代價？**如果你的回答是否定的，那你已經做好準備要改變了。若你的回答是肯定的，那麼，你還沒有做好準備。

克服過度依賴的親子關係中的「抗拒」

當你開始從與父母的過度依賴關係中脫離時，要做好準備，可能會面臨「抗拒」。抗拒，通常來自從你的依賴中受益最大的雙親之一。他或她可能會採取行動，想讓你重回過去的角色，比如告訴你：「為什麼你沒告訴我你要買那個？你爸爸能幫你談到更好的價錢。」如你所見，抗拒的目的，是要強化當前的互動模式，維持現狀。

【策略】

反抗這種抗拒行為，要公開來處理。告訴父母，他們的抗拒行為帶給你什麼感受（冷靜地溝通，別生氣）。將「行為」和「人」分開來看，就能發現**抗拒行為的真相：父親或母親因為害怕，而本能地試圖維持安全、熟悉的關係模式。**請你提醒自己，要打破舊有的關係模式非常困難，有些已經存在了幾十年，如果你理性地處理，事情會更容易解決。別訝異，對於你的行為，父母的反應可能是形成一個新聯盟來壓制你的自主。我們說過，家庭系統中一個部分的改變，會影響到其他部分，這就是很好的例子。

個體化的獨立過程

個體化是指不受限於父母，形成獨立的自我認同。我們一般認為自我認同的形成是在青春期發生，但英屬哥倫比亞大學的研究者馬西亞（James Marcia）發現，並非總是如此。馬西亞從一九六〇年代中期開始，追蹤一組前紐約州立大學水牛城分校的學生，在整個成年期追蹤他們的個人史、關係史和工作史。他發現自我認同是一個畢生的過程。在整個成年期，挫折、成功、出生、死亡以及其他的生活變遷，都會多次喚醒自我認同的拉鋸。馬西亞的發現適用於我們所有人，但是過度依賴者的問題可以歸結為一個簡單的真相：在生命的任何階段，自我認同都是和擁有「個體化」一起開始的，亦即第一次發現並確認自己與父母之間的界限。

●【策略】

個體化有三個步驟：一、必須辨別及抑制過度依賴的行為；二、對抗父母對你的角色變化的抗拒；三、有意識地努力將適度依賴帶入這段關係中。

這是個很大的挑戰，但你在愛情關係中引入了適度依賴的策略，在這裡也有用。就像我們在第四章討論過的，你可以藉由獨自做更多事情來啟動個體化過程。在與父母溝通時，注意你的用語（不要像幼兒那樣說話）。檢視你的動機，尤其是在父母身邊時。最後，當你確實需要幫助時，先做好計劃，就不會陷入過往模式而強化過度依賴的角色。

角色顛倒：當父母過度依賴你

我們自己是否對父母過度依賴，這不難分辨。但是，你怎麼知道父母是否過度依賴你呢？有許多跡象會出現（如尋求贊同、強迫性的求助行為），但是這些跡象可能難以被注意到，因為不符合我們一般的預期和刻板印象。

父母對子女過度依賴，的確存在，而且這種現象隨著父母年紀漸大而明顯（在第十章會進一步討論）。如何處理「顛倒的過度依賴」問題？有三個步驟。

●**關注動機：**如果父母的求助行為是出於真實的需求，可以考慮幫助，或與他們一起尋找其他管道來獲得協助。若父母求助只是為了避開挑戰，你要注意不能強化他們這種行為。相反地，要設立一些界限，這樣父母就會找到辦法，自己去完成（假如他們對此沒有太多經驗，你可能需要幫助他們起頭）。

●**公開地談論：**如果出現「三角溝通」現象，也就是間接地操控性溝通，你要明確地說出這種溝通方式對你造成什麼影響。比如：若父親生動地描述母親有點不舒服，令你內疚，要告訴他；若母親扭絞著雙手訴說父親的憂鬱，讓你度過無眠之夜，也要告訴她。

●**堅決，但是溫和：**當過度依賴危及你們的關係時，你要讓父母知道。這一點很重要。但是你要溫和地說明（而不是尖刻的），小心挑選時間和地點（在私下場合，而且不要選在家庭危機正爆發時）。可能需要好幾次嘗試，才能讓父母承認自己在以一種充滿操控的方式溝通，但最終，他們會承認的。

在疏離後，重建關係

你已經知道如何處理對父母的過度依賴，有許多原則同樣適用於疏離的情況，包括同樣的過程：改變功能不良的角色，解除阻礙改變的隱性聯盟。在抗拒發生時，對抗它，便創造了可以重建關係的情境。

疏離的親子角色

每個青少年都知道，疏離可以帶來權力。你愈是把家人擋得遠遠的，讓他們對你的情況一無所知，他們就愈想靠近你，容忍你的怪癖，以防你離得更遠。疏離的家庭角色帶來的權力，讓個體很難放棄，畢竟改變會削弱你在家裡的地位，使你更容易受到情感上的傷害和怠慢。

【策略】

像改變過度依賴的角色一樣，第一步也是權衡「代價」和「獲得」。有時你很難意識到付出的代價，畢竟疏離的症狀之一就是很難專注於自己的感受，因此在檢視疏離的影響時，要特別注意負面影響。

回想當你感到失望或受傷的時候，你的疏離是否在其中起了作用，而**關鍵在「誠實」**。對某些人來說，與父母疏離會帶來真實的痛苦，這表示他們已經準備好改變了。對另一些人而言，改變太冒險、太可怕，他們還沒有準備好放棄疏離帶來的權力。

家庭裡的疏離聯盟

家庭在處理成年子女的疏離問題時，經常會讓雙親之一擔任「聯絡者」，在這種情況下，父母中的另一方就退縮了，與孩子的互動變得稀少而表面。聯絡者（參與程度較高的父或母）在疏離的孩子和父母中孤立的另一方之間，來回傳達信息。注意，這裡形成了兩個聯盟。一個聯盟包括「疏離的子女」和「擔任聯絡者的父母一方」（他很珍惜與孩子的聯繫）。另一個聯盟則在父母之間形成：聯絡者獲得了相當大的影響力，因為所有消息都得透過他傳達，而同時，父母中孤立的一方置身事外，得以避免情感接觸可能帶來的風險。

【策略】

改變你的溝通模式，可以解除這兩個聯盟。

首先，確認是父親或母親成了聯絡者，這通常不難分辨。接著，增加與孤立的另一方直接互動。一開始放慢速度，因為要破壞聯盟是很不容易做到的。**從尋常的交流開始（比如正在做的工作），然後逐漸過渡到更親密的互動。**

做好受到抗拒的準備。在這種情形下，往往會出現抗拒反應。你要對每個人的情緒反應保持敏銳，尤其是更孤立的那一方，如果父親或母親顯得不太適應新的互動方式，放慢速度，直到他們放鬆下來，然後你可以繼續下去。

其他情況：在典型的雙親家庭之外

儘管我們是從雙親家庭的角度來討論過度依賴和疏離，不過，這些原則同樣適用於單親家庭與混合家庭。當然會有些差異，但是從適度依賴的觀點來看，比起家庭成員的組合，「成員間的互動」更重要。以下是你需要知道的：

● **父母早逝，是過度依賴的風險因素。**英國研究者約翰．伯奇奈爾（John Birtchnell）發現，父母早逝會讓孩子更容易變得過度依賴，但是影響並不大。有許多父母早逝的孩子，最終能夠建立適度依賴的關係。

● **父母分居和離婚，也是風險因素。**父母分居或離婚，也會增加孩子變得過度依賴或疏離的可能性，不過研究顯示，有時候對孩子傷害最大的並非離婚本身，而是離婚前的衝突。如果分居和離婚在孩子年幼時發生，子女較容易變得過度依賴；若發生於青春期前後，子女較容易變得疏離。

● **就適度依賴而言，混合家庭與其他類型的家庭沒有差異。**從系統觀點來看，混合家庭中的角色及聯盟，與其他類型的家庭相同。「融合」的過程可能困難重重，但一旦穩定下來，一般的規則在混合家庭中都適用。

● **非傳統的生活方式，並不會造成影響。**研究發現：同性戀家庭和異性戀家庭所養育的子女，在過度依賴或疏離的傾向上沒有差異。甚至在某些方面，同性戀家庭更有利，因為他們對於自己向孩子傳達的適度依賴跡象更敏感。

克服疏離的親子關係中的「抗拒」

每個家庭成員都會以自己的方式抗拒關係的變化。對於尚未準備好的成年子女，這種抵抗可能是表現為含蓄的（甚至明確宣告的）威脅，意指：「若你逼迫得太厲害，我就離開，所以停止吧！」對於父母中參與度較高的一方，抗拒表現是選擇性地交流：選擇哪些事情可以傳達，從不洩露太多，小心地維持獨占關鍵消息帶來的影響力。而對於疏離的父親或母親，這種抗拒包括：在關係開始重建時拉開距離，投入工作或沒有家人參與的其他活動。

【策略】

若父母中參與度較高的一方，開始以會造成傷害的方式操控信息傳遞，你要**採取行動來緩解其焦慮**，比如花些時間陪伴，通電話，一起出門走走……以行動表示，即使你希望與較孤立的那一位重建連結，但你和他的關係同樣非常重要。這需要時間，可能會遇到一些挫折，要有耐心。你們親子之間的關係值得你這樣做。

當父母中孤立的一方以後退作為抗拒時，請你放鬆，但是別完全放鬆。**祕訣是讓他知道，你會持續與他互動，不會放棄，同時掌握好對方的接受程度。**假如可能，避免去討論發生了什麼事，在這種情況下，行動比言語更管用，過度分析你的行為沒有幫助。一旦原本置身事外的父親或母親理解了「改變是必然的」，他自然會找到適應的方法。

重建親子關係

「重建」，只有在兩個前提下才能真正發生。首先，疏離的子女必須真正想要重建與父母的關係，必須願意承擔必要的情感風險。其次，父親或母親必須願意放棄自己身為「聯絡者」的一些影響力，來促進重建過程。諷刺的是，重建一旦起步，在過程中，父母中身為聯絡者的一方，往往會比孤立的一方造成更多負面影響。因此在重建時，需要揭露聯絡者的矛盾情結。

【策略】

若你想讓聯絡者放心的努力不奏效，這時——而且只有在這時候，你可以與他討論他的恐懼：他是如何看待你的行為改變？他認為如果你跟孤立的父母一方重建連結，會發生什麼狀況？他會被排除在外嗎？還是被攻擊？被忽視？

一對一的討論有助於澄清一些誤解。謹慎地選擇時間和地點，在壓力較小的時段，僻靜的場所，做好準備會有悲傷、自責和憤怒產生（不是每一次都會，但是有可能）。最初的討論最好不要讓孤立的父母一方參與。在重建過程之初，同時處理三個人相互衝突的顧慮和擔憂太困難了，以後你總是有機會舉行這種「三邊會談」的。

消除手足間矛盾衝突的感情，平等相待

有的人對兄弟姊妹有美好的溫情回憶：親近，在夜裡分享祕密，一起捉弄人。但也可能有人

的回憶非常不同：吃蟲子，搶（女）男朋友，公開嘲笑和羞辱，還有永遠趕不上更優秀手足的絕望與無力感。

無疑地，手足關係會帶來獨特的快樂和憎恨之情，有時，這兩者會出現在同一段關係中。許多人對手足有著矛盾而衝突的感情，因為無論是我們最大的成就或最悲慘的失敗，他們都是第一手見證人。

手足關係中面臨的挑戰和改變策略，都與親子關係不同。以下便探討你可以用來克服手足間過度依賴和疏離的技巧。

克服過度依賴：找到你的定位

關注家庭角色、隱性聯盟和抗拒行為，為走向個體化的獨立過程架設舞台。

手足關係中的過度依賴角色

在過度依賴的手足關係中，一個孩子（通常較年幼）形成了「假性子女」角色，哥哥或姊姊則承擔了「假性父母」角色。童年時期，尤其是在充滿壓力的困難時期，這些角色有助於適應環境。安娜・佛洛伊德（Anna Freud）和多蘿西・柏林厄姆（Dorothy Burlingham）對二戰孤兒做的一項經典研究顯示，這種手足間強烈的牽繫，是兒童挺過父母早逝這類創傷事件的關鍵因素。更近期的研究則發現手足間強烈的連結，也有助於兒童度過父母離婚的創傷。整體而言，在艱難的童年時期，這種「假性父母—假性子女」的手足關係，加強了對生活的適應能力，但是當這種關係模式持續到青春期或再往後，則往往會產生問題。

【策略】

要克服手足間的過度依賴，**第一步是「洞察」，知道這種有彈性的關係在何時變成了消極的過度依賴。**關注手足關係，對你的其他人際關係也會產生影響：你是否發現自己排斥他人，甚至排斥可能的戀愛對象，因為怕他們會影響你和手足間的特殊牽繫？其他人是否提到你們手足特別親密（不是偶爾如此，而是一向如此），甚至以此開玩笑？如果你對上述問題的回答是肯定的，你可能形成了手足間的過度依賴。

手足間的過度依賴聯盟

當手足之間發展出「假性父母—假性子女」的角色模式，也會形成一個牢固的聯盟（不一定是隱性的），並且與其他家庭成員疏遠，即使在現實中並不如此，但在情感面上是疏遠的。這種共生關係導致他們彼此依賴，只是以不同方式表現出來。假性子女的過度依賴通常表現在第二章談過的「不成熟」，如無助、脆弱、渴求愛等。假性父母的過度依賴則表現為控制，只有一個重要的差異：假性父母並非以威嚇來操控，而是藉著阻礙對方發展出自主感和獨立的身分認同，使其保持在服從的位置。

【策略】

如果克服手足間過度依賴的第一步是「洞察」，那麼，**第二步則是「設立行為界限」：假性子女要覺察到有意誇大自己弱點的行為，並停止這樣做；假性父母則要辨別出自己有損假性子女自主性的控制行為，然後採取改變步驟。**當感覺有衝動想插手、保護順從的假性子女時，假性父母首先要自問：「我這樣做是為了幫助他，還是出於控制心理？」「我這樣做是出於愛，還是出於恐懼？」要誠實地回答這些問題可能很難，但是，誠實自省是改變的前提。

手足關係中，由過度依賴而生的「抗拒」

儘管雙方都會致力於保持現狀，然而不同的角色，抗拒改變的方法也不同。假性子女會誇大自己的脆弱，直到獲得想要的結果，亦即讓另一方陷在照顧者的角色裡。假性父母則變得更過度保護，並且將對方「幼兒化」，進而增強自己的控制力。

【策略】

有兩個策略有助於克服這種抗拒，就是**「自我檢視」**和**「自我控制」**。既然假性子女自知會誇大弱點來抵抗，那麼彼此都可以多留意，當這種情況發生時去辨別出來。假性父母自知會更過度保護，彼此可以約定，看到這種跡象時便指出來。要辨別這些模式需要練習，堅持下去，就能發現徵兆。問題最終要歸結到成長動機：若希望你們的關係有正向發展，你們都需要為此努力，並支持彼此的努力。

手足間的個體化

對於過度依賴的手足關係，個體化包括放開彼此，在關係中引入一些空間。無論對於哪一方來說，這都是棘手的問題。個體化過程通常開始於假性子女第一次認真談戀愛，假性父母感到被推開，得讓位給另一個照顧者，這點類似真正的父母在子女結婚時的感受。像真正的父母一樣，假性父母面臨的挑戰也是必須優雅地放手，給假性子女空間去發展新關係，同時必須開始在照顧者角色之外，建立新的自我認同。

【策略】

告訴自己該放手是一回事，實際做到則是另一回事。最好運用與愛情關係中相同的個體化策略。

步驟一：有意識地獨自去做一些事情。

步驟二：注意你的語言以及非語言訊息，避免強化舊有的關係模式。

步驟三：檢視你的動機。你的行動應該是為了成長，而不是出於恐懼。

步驟四：請求幫助和支持時，做好計劃。

有時，這個過程比你希望的要緩慢和困難，但是請放心，一旦深思熟慮後的決定取代了盲目的習慣，不健康的過度依賴就會逐漸轉變為適度依賴。

出生順序有影響嗎？

老大是天生領導者，老么則是全家的寵兒，像這類說法有很多。這些說法有根據嗎？研究發現，其中一些具有一定的正確性，但是不多。出生順序研究專家法蘭克．薩洛威（Frank Sulloway）發現，排行老大的孩子的確有更高比例成為領導者，像是美國總統、公司的ＣＥＯ，但是沒有證據顯示他們較可能變得疏離。

其他研究證實了，老么確實會得到特殊照顧，除了父母，哥哥姊姊也會照顧他。然而，有好幾項針對美國和亞洲家庭的研究得出了一致結果：老么可能會比哥哥姊姊更依賴一些，不過，其中有很多人並未表現出任何過度依賴的跡象。出生順序確實有影響，可是這種影響與家庭的其他特徵一樣，不具特殊性。

那麼獨生子又如何？是否有任何證據證明，獨生子與在大家庭長大的孩子不同？答案是否定的。獨生子或許較難適應日托和幼兒園，但是研究發現，絕大多數獨生子很快地就在群體中找到自己的位置。到青春期時，獨生子和非獨生子在人格方面的差異，已經消除了許多。

疏離後的關係重建：治療過去的創傷

在某種意義上，重建疏離的手足關係要比克服過度依賴容易。大多數西方國家都有這樣的傳統：兄弟姊妹在青春期後變得疏遠，成熟後才重新認識彼此。當過去的創傷使憎恨之情達到高點，使雙方無法以任何建設性的方式建立關係，疏離就成了問題。發生這種情況時，我們需要一個重建手足關係的積極管道。

手足關係中的疏離角色

手足間疏離最常見的形式是「對抗」，無休止地、徒勞地，為贏得父母的關注和喜愛而競爭。多年前，心理治療師阿德勒（Alfred Adler）提出，幾乎所有手足關係中都存在著「對抗」。他說，手足間對抗是形成自我認同的自然結果，因為每個孩子都在家庭內、外，尋找自己的獨特定位。但有時這種對抗過於強烈，持續多年，變得扭曲，甚至破壞了雙方的生活。

【策略】

長期對抗對雙方都會漸生負面影響，包括手足的伴侶及其他家庭成員，因此，當你察覺到這種對抗，一定要採取行動。若你覺得自己正在和某個手足競爭，而且影響是負面的，請向「對手」提出。找一個私下的場合（不要在餐廳），在安靜（壓力較小）的時間，討論這個問題（最好一對一）。**只有當你準備好有建設性地討論，而不是出於惡意或報復，才這樣做。**要有心理準備，在討論過程中，你很可能會發現一個令人困擾的事實：其他家庭成員在這種對抗中，有重要的影響力。

手足間的疏離聯盟

兄弟姊妹之間相互競爭時，會與父母及其他家庭成員結盟，使家庭分裂成兩個陣營：「我們」和「他們」。研究者克萊爾．斯托克（Clare Stocker）與萊斯．揚布拉德（Lise Youngblade）發現，父母及其他手足，在這種「家庭分裂」的過程中扮演了重要角色，他們會選擇反映了自身衝突和憂慮的一方。當家庭成員加入某個陣營時，會被預期要支持結盟的那個人，並且將緊張和衝突歸咎於對方，來合理化自己的結盟行為，使得這種同盟發展成為有害的關係遊戲。

【策略】

如果你是這種對抗的當事人之一，不要把其他家庭成員拖下水。若他們已經參與了，請你採取一些方法，使他們遠離衝突：別再讓他們為你的行為和感受辯護，假如他們主動這麼做（可能是出於習慣），不要去強化這種行為，可以改變話題，說你不想談論這個等等，**盡一切努力讓他們知道你不想考慮對抗的問題**。你可能覺得這樣做等於放棄權力，尤其是「對手」仍然與其聯盟保持緊密連結，但是，沒有其他方法能擊破這種有害的結盟。在短期內放棄權力，長期來看將使你感覺更好。

手足關係中，由疏離而生的「抗拒」

既然已經讀到了這裡，你一定能預料到，與對抗中的當事人結盟的家庭成員，會變得非常投入，因為他身為忠誠的同盟者，也獲得了忠誠和支持作為回報。而同樣重要的是，「對抗」可能會變成家中最引人注目的事件，進而使大家將注意力從家裡的其他問題引開（在這個意義上，手足間的對抗代表著權力中心）。無論是否意識到這一點，家庭成員通常會感覺到一旦對抗平息，他們就得處理一直被忽視的其他問題。

●【策略】

當你為改變而努力時，注意來自其他家庭成員的抗拒，他們希望繼續扮演自己的角色。在這種情況下，抗拒通常都很明顯，幾乎總是會激怒你，煽動你對抗的情緒。諷刺的是，以前你認為是支持的言論（比如：「你相信她昨天說了什麼嗎？」），現在看起來是有害的、破壞性的。但是，不要生氣或責備刺激你的人，他們尚未意識到規則已經改變了，而只是出於習慣，以為你希望他們這樣做。

你最好堅持到底，繼續使用我們討論過的策略，解除隱性聯盟：**改變話題，忽視對你的煽動，停止強化這種行為。**雖然需要一些時間，但只要你堅持這樣做，抗拒就會消退。

手足之間，重建關係

要重建手足關係，很重要的是建立對雙方都有效的溝通模式。別期待你們馬上成為最好的朋友（或許永遠也做不到）。克服手足關係中的疏離是一個緩慢且不平穩的過程。你要準備好，可能會進兩步，退一步。

●【策略】

一旦你們開誠布公地討論過彼此的對抗，就不要老是糾結這個話題。執著於過去的傷害沒有幫助，要向前看。不是用說的，而是以行動教會雙方，如何以相互支持的方式待在彼此身邊。注意要多花時間在一起。可以先在一些不太緊張的場合，比如與伴侶共進晚餐，然後再到更容易牽動感情的場合，像是家族聚會。找機會請求幫助和提供幫助，在互動中導入適度依賴。從小事開始，逐漸過渡到更重要的事情，從錯誤中學習。當適度依賴成為必需時，殘留的疏離終會消失。

自虐型的手足關係

絕大多數過度依賴的手足關係都遵循「假性父母—假性子女」的模式，但有時，手足間的過度依賴會以「自虐形式」表現。情況通常是：父母明顯偏愛某個小孩，其他手足則拒絕參與競爭以保護自己。受寵的子女扮演「好孩子」，而另有一個子女扮演「壞孩子」，有自虐（自我懲罰、自我挫敗）的特徵。

儘管自虐的角色看來奇怪，甚至不理性，但實際上能為當事人帶來兩個好處。首先，這避免了他在與受寵手足的競爭中失敗，因為他拒絕參與競爭，就不可能失敗。其次，這為孩子隱藏的憤怒提供了一個焦點，否則這種憤怒就會指向父母。正如佛洛伊德在七十多年前指出的，比起有意識地憎恨父母對自己的排斥，憎惡我們自己還要更容易些。

手足間的對抗，造成莎朗的自我認同扭曲

我們認識一個叫莎朗的學生，成功無法帶給她快樂。但諷刺的是，她相當成功，她文筆極佳，是優秀的運動員，還活躍於幾個校園組織。莎朗在大三、大四時，當我們的研究助理，因此我們很了解她。令人驚訝的是，每次她參加比賽有好成績、考試考得好，我們想要恭喜她，她都只是聳聳肩，喃喃地說一聲「還不差」。

我們從未刻意去探究她古怪的回應，不想刺激她或讓她感到不舒服。然而漸漸地，一些線索逐漸浮現，揭露了許多關於她的事，以及為什麼她並不因成功而開心。

第一個線索出現在莎朗大三那年的「家庭週」之前。我們知道全家人都要來看她，包括父母和姊姊伊麗莎白，便問她，要不要請他們過來心理系聊天。莎朗的反應洩露了內情。「不要！」她說。她拒絕得太快了，而且臉上那全然恐懼的表情告訴我們，我們闖入了禁區，於是我們馬上結束了這個話題。

到了下學期，另一個線索出現了。莎朗入選全聯盟陸上曲棍球隊，我們恭喜她，她的反應一如往常：聳肩，垂下眼簾，喃喃地說：「還不差。」這一次我們直接問她：在我們看來這是個了不起的成就，為何她顯得如此厭倦？莎朗的反應再一次給了答案。

「還好。」她說：「伊麗莎白入選了全州隊。」

「可是這還是很不錯的榮譽。」

莎朗聳了聳肩。「還不差。」她輕聲說，眼神游移到別處。

我們思考著莎朗的反應，最後理解了。她看不到自己的成功，因為她把所有注意力都放在姊

姊身上。的確，伊麗莎白已經成為學校裡的某種傳奇：本州壘球和曲棍球隊隊員，兩屆學生會主席……這張表長得列不完。或許在莎朗看來，她的任何成就都無法與伊麗莎白堆積如山的榮譽相比。在她心裡，她永遠只能是伊麗莎白「不那麼成功」的妹妹。

這不令人意外，莎朗的成就無法帶給她任何快樂。她在手足對抗中陷得太深，對自己的認知與自我認同都被扭曲了。別人看她是聰明、能幹、成功、充滿魅力的，但她無法這麼看待自己，相反地，她想像著父母會怎樣看她，然後以同樣的方式看待自己：好（但是不夠好），值得被認可（但是不值得讚美），永遠的第二名。

莎朗成為一名校園心理師，做得很成功，但她從未回學校參加同學會。最後我們斷了聯繫。她從未真正對在這裡度過的時光滿意，她處理悲傷的方式是遠離我們所有人。儘管她是一名傑出的榮譽畢業生，但她就是無法如此看待自己。

我們將與她一同完成的工作寫成論文發表，獲得了很好的回響。我們把這份論文寄給她，但是沒有得到任何回音。可以想像她的反應，我們深感難過。

「還不差。」她又會垂下眼簾，喃喃地這樣說。

她一定是這樣想的：不差……

但是也不夠好。

下章預告

成為適度依賴的父母

一九八六年，家庭研究專家維吉尼亞．傅（Virginia Fu）檢視了適度和不適度的依賴在兩代間的傳遞。透過分析一百五十組「外婆—母親—孩子」的互動模式，她發現隨著時間推移，關係模式經歷了某種類似學習的過程。適度依賴的外婆展現出適度依賴的行為，並在女兒表現出這些行為時獎勵她；同樣地，女兒也會在小孩身上形塑和獎勵適度依賴的行為。消極的過度依賴也有類似的傳遞過程：過度依賴的外婆獎勵和強化女兒的過度依賴行為，當女兒成為母親時，她們也以相同方式對待孩子。

在第二章，我們知道，有一些因素會導致兒童變得過度依賴或疏離。為了成為適度依賴的父母，你必須採取下一個步驟，學會幫助你的孩子形成「安全型依附」，和「有人會在我身邊」的關係劇本的技巧。我們將在第七章詳細討論。

第七章

成為適度依賴的父母

了解自己是成為好父母的關鍵。
透過了解自己，
你的洞察能力和自省能力才會提高，
也才能與孩子更好地相處，
幫助孩子成長。
與孩子的互動過程也像一面鏡子，
讓成人看到自己親密關係中存在的問題。

女兒金柏莉：「爸爸，當我過頭時，希望你能設下界限，保護我。」

麥克這兩週過得筋疲力竭。他每天早上五點半起床，一小時後出門上班，下班後直接趕到醫院，陪母親一個小時。如果運氣好，他可以在晚上八點之前到家，和女兒金柏莉匆匆吃個晚飯。這陣子，妻子凱瑟琳在工作上遇到了大麻煩，幾乎忙到晚上十點才能回家。當凱瑟琳疲憊地穿過走廊，進入臥室時，麥克不是昏昏欲睡，就是已經睡著了。

然而，即使是在睡夢中，煩惱仍不放過他。他在夜裡輾轉難眠，夢魘不斷，早晨醒來時雙眼乾澀。他無法形容那種難受的感覺。他發覺和凱瑟琳不像從前了，兩人的關係幾近終結。不過，即使明明察覺到這一點，他也不願相信。

星期二早上，麥克坐在餐桌前，等麵包烤好，他費力地起身關掉烤箱。接著他叫金柏莉下樓，但是她沒有應聲，於是他上樓找她。

金柏莉的房門半掩著，麥克走到門口，看見女兒仰躺在床上，身旁放滿了書和紙張。他敲了敲門，探頭進去。金柏莉笑一笑，坐起來並摘掉耳機，但是微笑一下子消失，她皺起了眉。

「爸，你看起來糟透了。」

「是嗎？」女兒率直的話讓麥克吃一驚，不過她就是這樣，想到什麼就說什麼。

「是啊，爸，你的樣子好像幾天沒睡覺了。」

「的確，事實上也差不多。」

從爸爸站到房門口開始，金柏莉就仔細地打量著他。他有點不一樣，不只是疲勞，而且虛弱。她突然想要保護爸爸，似乎是出於母性，這種感覺真奇怪，她從來沒有過。

「爸，請進。」她下床挪開椅子上的書，輕輕地拍了拍坐墊。麥克坐到椅子上，慢慢地長吁一口氣。

「奶奶怎麼樣了？」金柏莉回到床上。

「不算太糟。醫生說再過一、兩天可以出院，也許是星期五。」

「太好了。」

「但她可能過一段時間才能復元，醫生說至少需要幾個月。」

「噢，」金柏莉停頓了一下，「一切會好起來的。我也可以幫忙。」

「是啊，」麥克心不在焉地點了點頭，「一切都會好起來的。」他想像著母親住進來，暫睡樓下的沙發，還得重新適應生活，艱難地學著用助行器。

他搖搖頭，不去想那情景，接著看著女兒。

「金柏莉，我能問你一個問題嗎？」

「當然可以，爸，你想問什麼？」

「我是……好爸爸嗎？」

金柏莉大笑起來。等看到父親的表情時，她才止住笑，捂著嘴。

「你是認真問？」她說。

「當然，我是認真的。我真的想知道。」

金柏莉低頭看看自己的腳，然後望著父親。她想說，卻又停下來咬著嘴唇。當她再次開口時，措詞很謹慎。

「爸，你是個非常好的父親。你總是聽我要說的事情，是真正的傾聽，這很重要。我的一些朋友從不和父親交談。」

麥克慢慢點了點頭。

「我總能感到你是真的……我不知道怎麼說……尊重我。你從來都不會毫無理由地命令我做什麼。我們會互相討論和交流。」

麥克笑了笑，別過視線。

「金柏莉，我能問你其他的問題嗎？坦白回答，好嗎？」

「好。」

「你有沒有希望過我變得更強硬呢？」

「更強硬？」

「對，就是更堅決，關於規則、設下界限和其他類似的事情。」

「嗯，我沒有認真想過這種事，」金柏莉噘起嘴，歪著頭說：「既然你提到了，我想，我可能有過類似的想法吧。我是指，我知道有時候自己做得有點過頭。不是說我不想和朋友出去玩……我不曉得怎麼講……可是，爸，你的反應有點不尋常。有時候我希望你會說：『金柏莉，不要去。』」她頓了頓，「我這樣有表達清楚嗎？」

麥克點點頭。

「我是說，如果在我做得過頭的時候，你讓我知道你會阻止我，這會讓我覺得很好，你在保護我。」金柏莉移開視線，然後再看著父親。「我希望有時候你會這麼做。」

麥克凝視著女兒的眼睛，不知道該說什麼。父女倆靜靜地坐了一會兒，接著麥克慢慢走過去，摟了一下女兒的肩膀。金柏莉仰頭看著父親，笑了開來。

這天，凱瑟琳直到晚上十一點才回家。麥克還沒有睡。凱瑟琳進門時，一見丈夫獨坐在餐桌旁，就知道可能出什麼問題了。

「凱瑟琳，」麥克說：「我們得談談。」

如果孩子都能像金柏莉一樣坦誠，讓父母了解他們的感受、想法和需求，這該有多好！但是，金柏莉僅僅是個特例。通常，父母很難從子女那裡獲得確切回饋，知道自己當父母當得怎麼樣。於是，我們既不安又期待，對孩子察言觀色，希望自己不要出錯。

或許，面對面的互動並不適合每個家庭，但是，麥克需要這種交流方式。麥克懷疑自己在職場上的問題同樣存在於家庭生活中，也確實如此。最終麥克決定改變現狀，要適度依賴他人。首先，他要消除與女兒之間的誤會。

教養方式檢測：要了解孩子，先了解自己的教養方式

即使你再博學，也無法預測教育孩子時會遇到什麼難題。但是別沮喪，眼光要長遠，無論出現怎樣的困難，「掌握解決問題的方法」才是關鍵。

為了讓孩子適度地依賴他人，父母需要掌握教養方面的知識、發現孩子的特點以及了解自己。

首先，你要掌握教養方面的知識，學習如何當父母。你要知道何種行為會使孩子形成適度依賴，何種行為會使孩子出現消極的過度依賴或異常的疏離冷漠。其次，你要敏銳地發現孩子的優點和弱點，才能幫助他形成適度依賴。

在某種意義上，了解自己既是最重要的，也是最困難的。透過了解自己，你的洞察力和自省力才會提高，也才能與孩子相處得更好，幫助孩子成長。

為了了解自己，你要客觀地分析自己的教養觀念和行為。首先，請你花幾分鐘完成第一八九頁的「教養方式檢測」，接著，我們要來檢視不適當的教養行為，這些行為可能使孩子出現消極的過度依賴和障礙性疏離。若測驗結果顯示你有不當的教養行為，我們將幫助你做出改變。

這些教養行為，會導致孩子過度依賴

過去三十年間，心理學家對於導致兒童過度依賴的家長進行了大量研究。部分研究針對家庭中的親子關係，有些研究則關注實驗室條件下的親子關係，比如玩遊戲、猜字謎。從英國、比利時到印度、日本的研究，都發現類似結果：如果父母經常有以下三種行為（單獨出現，或混合出現），子女可能會過度依賴他人。

父母與子女間，維繫著多少期待與憂慮，多少企盼的希望和不安的憂懼！

——塞繆爾．古德里奇（Samuel Griswold Goodrich）

過度保護

兒童之所以會過度依賴，受父母的過度保護影響很大：父母溺愛孩子，不願讓子女遇到危險。雖然這類家長是為了讓孩子免受失敗或傷害，但是，這會暗示子女：你很脆弱，我們很強大；若你不想受傷，就讓我們為你做主吧。小孩因而習慣向父母求助，長大後，就會依賴老師、朋友或戀人。

權威主義

父母的權威主義也會導致兒童過度地依賴他人。權威型父母要求嚴格，讓孩子必須聽他們的話。孩子沒有獨立自主的權利，因此，他既不相信自己的能力，也不知道自我控制（專家稱為「自我效能感」）。乍看之下，過度保護型父母和權威型父母明顯不同，但你會發現，他們傳達給孩子的信息是一致的：若你不想出差錯，就要照我們說的做。孩子因而無法自主，只能過度地依賴他人。

過早地獨自面對壓力

前兩種父母都會把孩子當作幼兒。第三類父母則是讓子女過早地獨自承擔壓力，一旦無法克服困難，孩子就會嚴重受挫，以失敗告終。因此，孩子感到尷尬、羞愧，漸漸地，開始懷疑自己的能力。在壓力下，孩子認為自己最好不要冒險去嘗試，結果他們感到不安全，開始自我懷疑，最終會過度地依賴他人。

你是哪種類型的父母：教養方式檢測

為了讓孩子形成適度依賴，你必須了解自己的教養方式，亦即你跟孩子如何相處。回答下列問題，你將更能理解自己的教養方式，以及為了在親子關係中形成適度依賴，你需要做出哪些改變。

根據自己的情況，在相應的分數上畫圈。

【陳述】	【評分】完全不符合 → 非常符合
(1) 我不要讓孩子遭遇失敗，即使會減少他嘗試新事物的機會。	1 2 3 4 5 6 7
(2) 教養的最佳方式是設定嚴格的行為規範。孩子需要家長的指導，才能學會守規矩。	1 2 3 4 5 6 7
(3) 父母必須督促孩子進步，否則他無法脫離家庭。	1 2 3 4 5 6 7
(4) 太多疼愛會慣壞孩子。適當克制，有助於孩子成長。	1 2 3 4 5 6 7
(5) 孩子交朋友要謹慎。不好的習慣都是跟壞孩子學的。	1 2 3 4 5 6 7
(6) 不要讓孩子感覺到我們在生氣，他無法理解父母，所以我們最好克制。	1 2 3 4 5 6 7
(7) 讓孩子從「做」中學，即使他可能會失敗。	1 2 3 4 5 6 7
(8) 我們應該找機會讓孩子幫助我們，即使得故意找理由也無妨。	1 2 3 4 5 6 7
(9) 在孩子面前，父母應該故意讓對方幫忙，這樣，他們才懂得什麼叫互相幫助。	1 2 3 4 5 6 7

你的教養方式——

過度依賴的得分：把1~3題的得分相加。
疏離的得分：把4~6題的得分相加。
適度依賴的得分：把7~9題的得分相加。

最高分代表著你的典型教養方式，分數愈高，表示你愈常使用那種教養方式。若你得到兩個（或三個）相似的分數，那麼，這意味著你會採用多種教養方法。這很普遍，許多父母表現出多種教養行為，而非單一行為。
我們將會談到何種行為導致孩子出現過度依賴，何種行為導致孩子出現疏離。你可以把這次測驗的結果放在手邊，隨時檢視自己的教養行為。

這些教養行為，會導致孩子疏離

針對導致孩子疏離的教養行為研究，比過度依賴的少。儘管資料不多，結論卻很明顯，有三種教養方式可能會造成孩子疏離：情感否認、隱性敵意與孤立。

情感否認

情感否認也稱為「拒絕親密」，是指父母表現出疏離、退縮的態度。這類父母也會有一些親密的舉動，比如對孩子說「我愛你」、晚安吻，但是，他們與孩子並沒有真正的情感維繫，他們並不是發自內心地關愛小孩，於是，孩子認為自己不配擁有父母的疼愛。情感否認常常源於父母雙方或一方的疏離，而父親和母親都沒有意識到這個問題，他們認為「表面化」的親密是正常的，他們與人相處的模式總是如此。

隱性敵意

一些父母會不經意地流露出敵意，比如擺出拒絕的態度（忽略孩子生命中的重要事件），或者將孩子與其他小孩做比較，打擊孩子的自尊（例如：「你哥哥從來沒考得像你這麼差。」）。隱性敵意常會伴隨著情感上對孩子的拒絕，或者單獨出現，明白地暗示孩子：你不值得父母的關注，不配得到父母的愛，造成孩子也斷絕了與其他人往來，而躲入自己的世界裡。

孤立

這是指父母不讓自己的孩子與其他孩子往來。就像情感否認和隱性敵意，孤立的教養方式也導致孩子疏離，但是，這類型父母傳達給孩子的是「他人不可信」，最好不要和別人有來往，顧好自己就好。於是孩子學會獨來獨往，這正是典型的疏離特徵。

幫孩子擺脫過度依賴

為了重建孩子的適度依賴，你需要了解兒童期過度依賴和疏離的跡象。首先，我們來分析「過度依賴」。

兒童期過度依賴的跡象

兒童期過度依賴的跡象，有些非常明顯，也有些極不容易發現。你需要注意以下這三點。

過度求助

孩子過度地依賴他人，最顯著的特徵是「過度求助」。例如：孩子抱怨自己無法穿好毛衣，而其實只需要把手從袖子裡伸出來。**兒童過度求助的表現常常非常誇張又戲劇化，如果你不幫**

他，他就會大發脾氣。孩子這麼做，是因為他覺得你是「救世主」，一遇到困難你就會衝上前。只要你表現出任何不買帳的行為，亦即他的舊有行為不再奏效，過度依賴的孩子就會惱怒。

兒童期憂鬱症

心理健康專家曾認為幼兒會出現悲傷情緒，但不會憂鬱。而今，有些才兩歲的幼兒就被診斷出憂鬱症（幸運的是這可被治癒）。

如何診斷學齡前兒童是否憂鬱，這非常棘手，因為兒科醫師無法對孩子進行觀察或詢問。此外，幼兒有不同的憂鬱症狀，使得診斷難上加難。如果你認為自己的孩子可能有憂鬱症，請告知醫師。若醫師不把你的擔憂當一回事，你可以去找兒童心理學家或精神科醫師。**除了悲傷、愛哭、覺得自己一無是處等常見的憂鬱症狀，還應該注意一些「兒童特有的症狀」。**

- **身體疾病：**持續疼痛，但體檢顯示身體沒問題（有時稱作「假性憂鬱症」）。
- **生氣，偏執增加：**常見的表現是發牢騷或發脾氣。
- **食欲不振：**食欲明顯下降。
- **社會退縮：**失去交朋友的樂趣。
- **失去興趣：**以前有的嗜好、運動等喜歡做的事情，現在不再感興趣。

低自尊

低自尊的症狀多樣，從哭泣、退縮到自貶、自責。**低自尊的孩子最開始常常是悶悶不樂，你會發現，深層的原因是「自我厭惡」。**過度依賴的孩子會自覺一無是處，父母必須深入探尋，才能找到問題的根源。孩子的自我評價較低，是因為他對自己的認知消極，這來自一種無助感，他覺得無法控制自己的生活與周遭的世界。而他會悲傷和自責，是因為渴望有人來幫助，雖然不如過度求助的表現那麼明顯，但是，這個問題也很嚴重。

幼稚

有些孩子過度依賴家人的症狀，表現在「退化」行為。**所謂「退化」，是指孩子表現出與年齡不符的幼稚行為，比如吸大拇指。**小孩往往會因為壓力而出現更多幼稚行為，因此，當遇到「考驗」時（譬如父母沒參加自己的生日派對），這種行為會表現得更明顯。在一項研究中，人格心理學家勞拉．費奇曼（Laura Fichman）發現，過度依賴的兒童（無論是男孩或女孩）在第一次被送到需要過夜的夏令營時，都會出現退化，發牢騷、尿床……表現出各種幼稚行為，使得其他同伴疏遠，惹營隊老師生氣。拒絕上學是兒童期過度依賴中，「幼稚」的典型症狀。若你曾經親眼目睹過父母一早叫孩子上學時，拒學的孩子大發脾氣的景象，就知道這招用來操控尷尬的父母多有效。

因應與改變：擺脫過度依賴

按照孩子過度依賴的狀況，適當地調整自己的做法。若孩子表現出多種過度依賴的模式，或者當他發現某種依賴手段不奏效時，會改用另一種方式，你就需要運用多種手段干預。以下是三個很有用的方法。

減少孩子的不當求助

你可以同時採用兩種方法。**首先，「停止強化孩子的不當求助行為」；其次，「獎勵孩子的恰當求助行為」。**如此一來，孩子會較少出現不當求助，而較多適切的求助，但是別奢望能一下子看到成果。此外，當你不給獎勵的時候，孩子不當求助的行為可能會變本加厲。如果發生這種情況，請忽視它。因為若你過度關注孩子的不當求助，其實是在鼓勵他繼續下去（如發牢騷），甚至會出現更嚴重的行為（如尖叫和威脅）。

提升孩子的自尊

提升孩子在家裡的自尊，並且往外拓展。你可以**讚美孩子的成就，或者甚至是很微小的進步，指出他的優點與能力（即使你不得不誇大事實）。**拍拍孩子的背，微笑看著他，及時誇獎：「做得好！」這些事情看起來微不足道，對於沒有安全感的孩子而言卻非常重要。

此外，也要**讓孩子獲得他人肯定**，所以，你要找到一些能給孩子成就感的機會。比如讓孩子與其他較溫和、沒那麼好強的小孩一起玩，或者去他們家過夜，這些同伴可能會誇獎你的孩子，讓他當孩子王。還可以鼓勵孩子參加他覺得放鬆、有成就感的活動。當孩子表現出色時，要讓老師知道這孩子多麼重視這堂課。但如果孩子希望老師私下讚美，不要當著全班同學的面，你也要先跟老師說明。

親子間的影響是互相的：孩子如何形塑父母的行為？

我們常認為是父母形塑孩子，孩子卻不能形塑父母。然而，發展心理學家早已發現父母和子女之間的影響是雙向的。孩子至少從三方面形塑著父母的行為。

氣質：一九八四年，兒童發展專家亞歷山大．湯瑪斯（Alexander Thomas）和史黛拉．翟斯（Stella Chess），發表了一篇關於嬰兒行為的創新研究。他們發現，嬰兒在剛出生兩週後，還未出現真正的學習表現前，就能區分不同的事物，並持久觀察。「易養型兒童」溫和又警覺，放鬆而好奇，父母樂於教養這樣的孩子，給予他們更多愛與關注。「難養型兒童」正好相反，喜怒無常，急躁易怒，容易挫敗，因此，難養型兒童的父母小心地對待孩子，好像孩子是個不定時炸彈。「慢吞吞型兒童」冷靜又謹慎，反應遲鈍，對事情漠不關心，最終，許多父母放棄與這類兒童交流。

依附風格：還記得第二章中討論過的三種依附風格嗎？「易養型兒童」會形成安全型依附，「難養型兒童」會形成焦慮型依附，「慢吞吞型兒童」則形成逃避型依附。這是否讓你感到驚訝？你會覺得訝異，這也不難理解。研究顯示，情況確實如此。氣質對依附的影響過程經歷了三個階段：嬰兒氣質引發了相應的父母行為，而父母的教養行為使孩子形成了特定的依附風格。一旦形成，兒童的依附風格便開始影響父母如何對待他。這種相互影響會不斷地加強。

經驗延續性：兒童形塑父母行為的第三種途徑是透過經驗的延續。父母從老大身上學會了如何當爸媽，這些經驗也會延續到之後的小孩。如果老大是易養型，父母會以相同方式對待老二。同樣地，對於難養型與慢吞吞型的孩子來說也是如此。經驗延續性說明，不僅子女影響著父母的對待方式，兄弟姊妹也會起作用。似乎在你出生之前，你在家庭中的角色就早已註定了。

消除幼稚表現

當你設法減少了孩子的不當求助，他或許會出現退化行為，表現得更幼稚。

別生氣，請你把關注焦點放在孩子的「行為」。孩子會這麼做，是因為他害怕失去你的支持。

運用對待孩子過度求助時的方法，忽視他的幼稚表現，強化恰當的行為。與伴侶或較大的孩子討論，讓他們知道你會怎麼做。你和伴侶對待孩子的方式應該一致，並且彼此支持。

無論你多麼謹慎，都可能遇到每個家長的噩夢，就是孩子在店裡無理取鬧。對於許多過度依賴的兒童來說，當你不再像以前那樣答應他們的要求時，他們會多次做出在商店裡發脾氣的行為，而這往往能夠讓父母感到害怕。但是，你要堅持立場，忽略他人的目光，溫和又堅決地把孩子從「觀眾」面前拉開，帶到相對隱蔽的地方，讓發怒的孩子平復下來。

與疏離的孩子和諧相處

為了與疏離的孩子和諧相處，我們必須理解兒童期疏離的跡象，以及相關的因應方法。

兒童期疏離的跡象

兒童期疏離的跡象比兒童期過度依賴的跡象更嚇人。畢竟，我們希望孩子（特別是幼兒）會撒嬌、黏人，所以某種程度的過度依賴是正常的。兒童期疏離的徵兆是孤立、行為不當，以及負面的自我認同，這些表現更明顯，也更棘手。

孤立

許多青春期孩子與父母漸行漸遠，這是正常的。但是，當孩子與父母疏遠，同時也沒有任何朋友，這就要當心了。孤立的問題很棘手，因為它既是疏離的症狀（孤立的孩子會告訴你，他與同伴的關係不好，不相信他們，也無法融入），也是新的問題行為的誘因（孤立的孩子放棄了社交互動）。**孤立本身並不會讓孩子在社交和情緒上出現問題，但是，這是重要的早期徵兆。**

行為不當

行為不當又稱為舉止不當，也是兒童期疏離的關鍵表現。研究證實，疏離的孩子表達憤怒的方式有許多種，而且有性別差異。女孩常「內化憤怒」：集怒於心，向內釋放，表現出自傷行為，比如飲食障礙和自殘。男孩常「外顯憤怒」：向外釋放，直接表達出來，出現明顯的破壞行為，比如惹是生非、蓄意破壞。**無論孩子採取怎樣的形式，舉止不當是他表達憤怒的一個徵兆，怒氣可能指向自己、他人或父母。**

了解孩子的發展規律

為了讓孩子適度地依賴他人，我們還要了解孩子在何時會達到認知發展、生理發展和社會發展的轉捩點。最好找一本關於兒童發展的家長指南，時常讀一讀。

請記住，孩子的成長具有較大的個別差異，所以，若小孩到達某一發展轉捩點的時間比預期晚，不要驚慌。兒童發展也有文化差異性，你家小孩的成長可能與美國小孩的成長不同，大多數情況下，這是沒有關係的。從適度依賴的角度來看，需要注意以下的研究結果。

- **兒童期依賴是正常的，尤其是在兒童早期。**所有孩子都是從依賴開始的，重要的是達成健康的折衷狀態：不強化依賴，也不要試圖過早地消除依賴。
- **「依賴衝突」是成長的一部分。**無論我們做了多大努力，想要傳達給孩子清楚、一致的想法，他們接收的仍是關於依賴的混合信息。這些混合信息造成孩子在「助人」與「接受幫助」的模糊感受上，產生依賴觀念的衝突。學校是依賴衝突的重要源頭，一方面要求孩子被動服從（如：「要聽老師的話。」），另一方面又要求孩子主動冒險（如：「假如不去嘗試，你永遠學不到東西。」）。但你不必對孩子解釋這些，隨著認知能力漸漸成熟，他們會主動「整合」，使這些概念協調、一致。
- **青春期是依賴同儕的時期。**隨著與父母分離，青少年常常會轉而依賴同伴，這是從兒童期依賴邁向成熟、適度依賴的正常轉變。如果孩子與不良小團體走得很近，你應該告訴他交朋友要慎選，可是別太苛責。就算你很想讓孩子融入另一個同儕團體，但只要他所在的群體不會讓他出現嚴重的問題行為，就由他去吧。

負面的自我認同

有些疏離的孩子會出現負面自我認同，主要表現為反社會行為。這些孩子漸漸脫離了主流社會，加入一些有相似想法的群體，這些人會支持他。在過去，一個人出現負面的自我認同，常常意味著加入小幫派或有嗑藥行為的同儕團體。近年來，**網路成了形成負面自我認同的新場域**，當孩子們感到沒人相信自己、沒人理解，上網便能找到肯定自己信念的任何群體。種族組織、宗教信徒和其他的非主流團體，對憤怒、孤立的孩子有極大吸引力，他們無法抵擋這種誘惑。

因應與改變：重建孩子與他人的連結

正如兒童期過度依賴一樣，處理孩子的疏離也要針對孩子的行為表現著手，包括三個步驟。

承認事實

首先，父母必須接受「孩子有問題」這個事實。父母常覺得「只是這個時期而已」，認為在兒童期和青少年期出現的問題，都是暫時性的。這麼想也沒錯，但是，若你的孩子表現出長期的孤立、行為不當或負面的自我認同，就不是暫時的問題了。這時，你必須盡早進行干預。因此，**不要讓別人的懷疑影響你的判斷**。如果你感到焦慮，而伴侶不擔心，你可以找出證明，抓住關鍵點，與伴侶約時間私下討論。「盡快開始，堅持到底」，這適用於任何重要的家庭議題。

有效控制

一旦你決定干預，就別拖延，擬定行動計劃，立刻著手進行。見孩子與同儕疏遠，你要把自己的顧慮告訴他；就算他拒絕談論，你也要堅持。當孩子出現行為問題，比如傷害自己或攻擊別人，請向學校老師或其他心理健康專家求助。如果注意到孩子出現負面的自我認同，你要廣泛了解狀況（別覺得丟臉，在這種情況下，「積極打聽」是非常有用的），然後，盡全力讓孩子脫離不良團體，**在孩子走得太遠之前，行動要快。**

堅持到底

在父母進行干預時，孩子會出現三階段的反應：「憤怒」（你奪走了他擁有和重視的某些東西，那是他自我認同的一部分），「反抗」（你迫使他放棄已建立的角色），「退縮」（當上述手段都不奏效，他就開始退縮）。

無論你採取何種干預方式，都要有心理準備，有可能發生這些反應，別為此困擾。你要做的是**堅持自己的計劃，從他人那裡獲得情感幫助和專業協助，還要有足夠的耐心。**你的付出不會白費的，孩子會發生轉變。到這時，你可能還需要處理一些尚未解決的親子問題，或許你會聽到或說出一些生氣的、不愉快的事情。當然，要克服這些難題並不容易，但你要知道，若不解決這些潛在的難題，將造成孩子產生行為問題，長久下去，將對親子關係有害。

承認事實、有效控制和堅持到底，做法似乎很嚴苛。沒錯，要重建與疏離孩子的關係，這是個考驗，但是這麼做是值得的。研究顯示，疏離的孩子（甚至是有嚴重行為問題的孩子），也能在成年後發展出適度依賴的關係。無論多不容易，請你鼓起勇氣和信心，只要有恆心，孩子的情況一定會改善。

完全指南：培養孩子的適度依賴技巧

適度依賴的教養目標，不只是為了讓孩子不過度依賴或疏離，還要讓他們掌握適度依賴的技巧，這樣他才能和別人相處，一方面給予他人協助，另一方面得到他人的幫助。伊利諾大學的研究者克倫．克拉克（Karen Clark）和戈瑞．拉德（Gary Ladd）發現，當父母強化孩子的適度依賴行為時，孩子在許多人際關係上都出現了進步，不只是家庭關係，也包括同儕往來與學校適應。

以下是一些你可以採用的策略，能使小孩掌握適度依賴的四種關鍵技巧。

● **對關係的理解：**當孩子要求正當的幫助時，你要鼓勵這種行為，教孩子「依靠他人對於所有人際關係來說都是重要的」，進而幫助孩子區分「尋求幫助」和「感到無助」。並進一步地舉例解釋，爸爸、媽媽也常常彼此求助。當孩子說「我向老師／朋友／其他人（合適的人）求助」時，請稱讚他，鼓勵他一方面接受幫助，另一方面也要助人。

情緒協助能力：若孩子認為求助是幼稚、脆弱或失敗的表現，要跟他說明「適當求助」（促進成長）和「不當求助」（逃避考驗）之間的區別。若他在求助時，感覺很糟，這正是一個可以利用的機會：鼓勵他說出自己「有什麼感受」，以及「為什麼會有這種感受」。不要輕視他的感覺，但要溫和地指出，在接受幫助時，他還會感到自己被照顧了，並且使他和別人的關係融洽，他其實很堅強，能夠主動求助。你可以舉自己為例來解釋這些反應。

成長動機：英國兒科專家溫尼考特（D. W. Winnicott）提出「涵容的環境」（holding environment）的概念，描述父母關注和接納孩子（而不是控制和干擾孩子）的家庭環境。在家庭中形成涵容的環境，是為孩子提供了「安全基地」，成為他探索世界、進行冒險時的庇護所。涵容的環境有助於孩子發展成長動機。「成長動機」是指孩子不斷成長和嘗試新事物的渴望，同時，他知道如果自己受挫了，可以回到「庇護所」。

關係彈性：為了讓孩子在處理人際關係時更靈活，父母應該親身示範，讓孩子知道有時應該求助，有時應該自立。讓孩子理解「施」與「受」是同時存在的，你不能只給予而不接受，也不能只接受不給予。告訴孩子，「求助」與「助人」可以發生在許多人之間，並不僅限於一個人。

教養背後的動機

了解自己

為了讓孩子形成適度依賴，父母必須先了解自己。有時，這意味著你得面對一些令人不愉快的事實，比如：無論你懷著多麼善意的教育初衷，家庭關係可能都會受到一種或多種潛在動機的負面影響。

教養背後的動機，常常反映了我們不願割捨的家庭角色，以及維持這些角色的「隱性聯盟」。

從適度依賴的觀點看，有兩種潛在動機尤其重要：一是父母無意識地壓抑了孩子的自主性，使孩子過度依賴他人；二是父母形成隱性聯盟，使孩子出現疏離、冷漠的狀況。

壓抑孩子的自主性

麥吉爾大學的理查．湯普森（Richard Thompson）和大衛．祖若夫（David Zuroff）做了一項研究，讓過度依賴的母親觀看青春期女兒玩電腦遊戲，之後，母親會收到關於女兒表現的假回饋。當女兒再次玩遊戲時，母親有機會指導她，提出建議或暗示。

研究結果令人驚訝：過度依賴的母親在女兒表現好時，會給她無用的建議和批評！只有被告知女兒表現很差時，過度依賴的母親才會幫助和鼓勵她。過度依賴的母親要女兒失敗，這樣，她才會一直需要母親。兩位研究者也以相似模式研究母子的互動過程，結果相同。對於過度依賴的母親來說，「無能的」孩子才能確保母親角色的價值。

隱性聯盟，造成孩子疏離

父母會結成隱性聯盟，使得疏離的孩子保持距離。這通常是因為一位家長（多半是母親）與一個孩子形成緊密連結，又不願意其他孩子妨礙這種「特殊」牽繫，家長這種情感否認和隱性敵意，導致疏離的孩子保持距離。

這會使家庭中的角色變得複雜，某些家庭成員之間會「結盟」。失寵的孩子可能形成負面的自我認同，而受寵的孩子會助長這種局面。同時，家長與受寵的孩子結盟，讓失寵孩子處於消極狀態，如此一來，受寵的孩子保護了自己的好孩子形象，家長則保護了自己與受寵孩子的特殊連結。

卡拉：青春期的疏離，與負面的自我認同

我們第一次見到卡拉和她的爸媽時，「誰在家裡掌權」這一點很明顯——無疑地，卡拉完全處於控制地位，爸媽對她百依百順，畏懼她的一舉一動。他們顯然是被女兒「嚇到了」。他們描述了女兒的行為，讓人愈聽愈害怕。

直到前一年的秋天為止，卡拉還是個模範生，行為良好，在學校裡表現出色，很受歡迎。由於搬家，卡拉轉到新學校上九年級，在這裡似乎被孤立，沒有朋友，剛開始就像個局外人。突然之間，沒有任何徵兆，卡拉完全融入了「局外人」的角色，並且樂此不疲。她開始選擇穿一身黑衣，把紅髮染黑，塗黑色指甲油，每天沉迷於上網，瀏覽器的收藏夾裡滿是關於巫術、魔法、暴力與死亡的網頁，父親看到了大驚失色。

最後，卡拉的英語老師請她爸媽到學校，讓他們看卡拉最近的一篇短文，她在文章中生動地描繪了自己的自殺過程。

因此，爸媽帶卡拉來找我們。

我們認為在處理整個家庭的問題之前，需要與卡拉以及她父母單獨進行面談。於是，我們與卡拉和她的爸媽個別會面，並且向他們保證沒經過他們允許，我們不會轉述任何會談內容。

隨著對卡拉的了解，我們發現她的疏離狀態並不是最近才出現，這種狀況已經持續了好多年，但是過去較不明顯。

正如卡拉所說，她早期的「好女孩」角色，是因為父母總會不經意地流露出敵意。無論她遇到了什麼困難，像是在學校裡、與朋友相處或其他時候，爸媽總是責備她：要是她肯更努力，就

不會有這些問題。

在熟悉的環境中，卡拉的確更努力，盡力避免被爸媽批判。但是在沒有人支持的陌生環境裡，她發現自己根本達不到他們的要求，於是，她的態度起了一百八十度轉變，她不再為了不被爸媽苛責而當好女孩，她選擇變成壞女孩來疏遠他們。

卡拉清楚地發出這樣的信號：「你們認為這很可怕，是因為你們還沒有見識過更可怕的事情。不要干涉我，否則情況會變更糟。」

難怪她的父母如此害怕，也難怪卡拉會如此憤怒。

我們開始讓她父母了解到教育要有限度，讓他們知道，批判只會讓女兒離得更遠，即使是暗示性的批評也一樣，並告訴他們「關注」的重要性（即溫尼考特所提出「涵容的環境」），而不是干涉。

我們進行角色扮演，模擬他們在不同情境下的反應，比如卡拉的成績變差、梳奇怪的新髮型、交穿鼻環的男友，或者有可怕的刺青。藉由角色扮演，他們理解了哪些行為會傷害親子關係，進而能夠更有建設性地回應女兒。

我們幫助卡拉的爸媽針對目前的狀況做出相應改變，同時，也要幫助卡拉走出目前的困境。由於她表現出自傷行為，所以，我們要幫她找到直接表達憤怒的管道。首先，鼓勵她在治療過程中表達憤怒。卡拉想成為作家，我們讓她把自己的想法寫出來，幫她修改這些想法，卡拉就能更有建設性地直接表達感受。

治療的最後，我們把卡拉和父母聚在一起，讓他們坦誠地溝通。卡拉的爸媽被她的文章深深地打動，才明白自己的言語有多麼傷害女兒。見父親熱淚盈眶，也打動了卡拉，她意識到自己的冷漠也傷害了爸媽，而不讓爸媽走進自己的生活使他們多麼痛苦。

卡拉和爸媽釋放了壓抑多年的情感，找出了更健康的關係模式，不僅在家裡，家庭之外也是如此。

卡拉交了很多朋友，駭人的行為也慢慢消失了。家人之間的相處更幸福，也更放鬆。卡拉的母親開始外出工作，這是自女兒出生後，她的第一份工作。

幾年後，卡拉的父母離婚了。但是，卡拉說她和爸媽仍然關係良好。後來，卡拉在大學的文學雜誌上，發表了第一篇小說。

疏離的孩子，何時會出現暴力？

許多疏離的孩子難以表達憤怒，但是近來，疏離的兒童和青少年頻頻出現校園暴力，引起家長的恐慌。如果你認為孩子可能會出現暴力，不要獨自面對，與老師或心理師談談，或者求助於擅長處理行為障礙的心理學家、精神科醫師。有時候，好孩子也會打扮得奇裝異服，很難說我們何時該擔心，所以找到合理的中間點即可，既不要反應過度，也別不當一回事。

以下這些危險的徵兆是我們該注意的。

● **欺負／被欺負的長期模式：**因為一再受同學欺負，被嘲笑、被排擠，認為自己不受歡迎或能力差，許多孩子變得暴力。

● **報復心重：**欺負／被欺負的長期模式，會使孩子產生極強的報復心，想盡辦法要報復仇人。

● **突然退縮，缺乏互動：**有時在進行報復之前，孩子會變得比較孤僻，並出現退縮行為。最明顯的就是突然停止與其他人往來。

● **沉迷於暴力和死亡的內容：**許多出現暴力行為的孩子沉迷於死亡的內容。這會以不同方式表現出來，比如：對網路上或電腦遊戲中的暴力場面如痴如醉，或者突然改變穿著打扮、外表等。

● **以日記或影片記錄暴力的想法：**令人吃驚的是，在實行暴力前，許多人會留下有關暴力計劃的手寫紀錄或影像紀錄。

● **準備好實行暴力的工具：**孩子可能會周密地思考自己的報復念頭，事前精心準備。如果你看到任何用於暴力的工具，如武器、炸彈、毒藥等，請立即與警方聯絡。

下章預告

職場的適度依賴

改善家庭關係的技巧，同樣適用於職場關係。

這一點令人難以置信，但確實如此。

職場關係像家庭關係一樣有著權力分化的情形，某些人的影響力會較強。

在公司裡，同事也像家庭成員般扮演著不同角色，形成小團體，控制消息流通，進而提高自己在團體裡的地位。

挨主管罵時，一定會令你回憶起那種可怕的感受，突然間，你好像回到了五歲。而非得協調下屬之間的個人衝突時，你可能會想：「我又不是你們的爸媽！」

要在職場形成適度依賴，我們得調整策略，以滿足身為老闆、同事之間、主管和下屬等，不同位置的需求。

愛倫和麥克漸漸發現，職場問題常常會影響家庭，而家庭中的問題往往也會干擾工作。適度的依賴，對這兩者都有幫助。

養兒方知父母恩。

——亨利・沃德・比徹（Henry Ward Beecher）

第八章 職場的適度依賴

所有組織，
再現了所處文化之下的家庭結構。
也就是說，
處理家庭關係的方法，
同時適用於職場關係。

愛倫：「原來我不在公司，事情也能一切順利。」

最初幾天，愛倫想忘掉那場意外，卻怎麼也忘不了。那天晚上的情景仍歷歷在目：母親腫起的臉上都是瘀傷，身上打著厚厚石膏，點滴有節奏地響著，到處都是管子和監測器。

意外剛發生的那幾天，愛倫下班後都會順道去醫院，但她很快就放棄了，結束一天工作，收拾好包包時，她覺得好累，太想直接回家了。原本想趁著午餐時間趕過去探望母親，然而這也不可行，整個早上都在忙，一通通電話打出去卻毫無回音，事情才做完一半，使她感到心煩意亂。最後，她選擇在上班途中順道去醫院。令她驚訝的是，這個辦法很不錯，母親在清晨時非常清醒，而當愛倫感到不自在時，可以說她要離開去上班。

這幾天，愛倫幾乎天天都很不安。母親因為身體不能動而感到沮喪，一方面擔憂，一方面暴躁易怒。愛倫很擔心母親是否能完全康復，對此極度自責。但是，她更擔心由於母親遲遲無法復元，而耽誤到她的工作。

為了緩解憂慮，愛倫在每天早晨上班前，都會從醫院打電話給泰瑞莎，泰瑞莎會詳細地報告當天需要她注意的各種問題。

第一天打電話回公司時，剛好有個突發狀況，她非常惱怒，但也很訝異自己有點高興，這個問題只有她能解決，讓她感覺很好。

第二天，泰瑞莎說一切順利，叫她慢慢來，不用趕去公司。第三天、第四天……情況相同。跟泰瑞莎的通話令愛倫愈來愈矛盾，一方面對公司一切順利感到高興，另一方面又希望自己不在時，應該有點狀況。

有一天，愛倫邊開車邊想著這個問題，想弄清楚自己的矛盾心理，找到合理答案。隨著車流慢慢行駛，她突然有一種前所未有的奇怪衝動，她不曉得該怎麼辦。

又開了一段路，仍然克制不了這種衝動，她決定聽從心裡的聲音，拿出手機按下快速撥號鍵，電話剛響兩聲就接通了。

「詹姆斯。」

「愛倫，你還好嗎？出了什麼事嗎？」丈夫似乎對愛倫打電話過去有點吃驚。

愛倫有點懊惱，但繼續說：「沒什麼，一切都好。我只是有個想法。」

「什麼想法？」

「我們今晚出去吃飯吧。」

「今晚？星期三？」

「是啊。怎麼了嗎？」愛倫努力說得輕鬆。

「梅麗莎和史蒂夫怎麼辦？」

「別擔心。我剛才叫了茱蒂，她馬上到，她會去接他們。」

「好。」詹姆斯說，但他的聲音流露出不確定，甚至有點懷疑。「愛倫，你是說真的吧？」

「當然。我們會度過美好的夜晚，我已經在餐廳訂了位子。七點在我公司見？」

「好，七點到你公司。」

這下輪到愛倫開始懷疑了。「詹姆斯，你還好吧？你的聲音有點怪。」

「不，我很好。我只是在想……」

「想什麼？」

「愛倫，你怎麼變得不一樣了？」

「詹姆斯，老實說我也不知道，但我不打算去抗拒。我有點喜歡這樣。」

電話另一端出現了長長的停頓，接著，詹姆斯的聲音響起。

「愛倫，你知道嗎？無論如何都不要抗拒它，好嗎？我也喜歡這樣。」

諷刺的是，經歷了危機之後，愛倫才能做出改變。但這不是特例。改變是既困難又有風險的事，只有經歷了類似危機，才能使人擺脫舊習慣。母親的意外迫使愛倫重新檢視自己，思考自己生活的重心，最後，她選擇面對自己的疏離問題，正視這對於生活造成的負面影響。現在，她已做好準備，積極地想要改變。

在這章，我們會討論職場的適度依賴。首先來看家庭互動與組織互動之間的相似性，接著分析職場上適度依賴的獨有特徵。

公司和家庭很像

在第七章的結尾，我們提到過企業有時就像家庭。在美國心理學會（APA）的頒獎致詞中，管理專家哈利．李文森（Harry Levinson）的說法更直白：「所有組織再現了所處文化之下的家庭結構。」

現今的企業「再現了家庭結構」，這是什麼意思？為了回答這一問題，我們必須深入探討現代企業的形成過程。首先，家庭與公司有以下三個主要的共同點。

角色與小團體（聯盟）

企業中的每個人都會有「外在角色」，像是：財務經理、人資主管、公關經理等，這是公司為員工分配的正式角色。

每個人還會有「內在角色」（潛在角色），內在角色與外在角色一樣重要。比如：「煽動者」、「好士兵」、「雜務老媽」、「冷酷的鑽營者」等，這些都是出現在公司內部的內在角色。

就像在家庭裡，為了維持地位、實現目標以及影響他人，**組織內的員工也會拉攏所謂的「自己人」，有些小團體是顯露於外的，而另一些小團體是隱性的，不容易發現。**

溝通管道與組織政治

企業內部有兩種基本的溝通形式。

「垂直溝通」是指跨層級的溝通，例如從經理到下屬。這種溝通方式大致是由一個公司的組織結構決定，但並非絕對。「組織結構」是指組織內部，有關外在角色與職責的正式機制。

「水平溝通」是指層級內的溝通，比如團隊內的兩名成員。這種溝通大致由組織政治所決定。「組織政治」是指基於人們相互了解的內部互動過程，這對多數公司的日常工作有決定性影響。**「內在角色」和「小團體」決定著水平溝通。**

組織依賴與組織疏離

有些人主張，任何企業內部都會出現過度依賴者或疏離者。過度依賴者認為公司不僅是發薪水的地方。對於過度依賴者（例如「好士兵」）來說，公司是自我認同感的重要組成部分，**他們盡力維持自己與公司的連結，一旦這種關係受損，就會感到無助而憂鬱。**

疏離者（比如「冷酷的鑽營者」）對公司的依賴則非常隱性。就像疏離者也會依賴家人一樣。疏離者是藉由與公司保持距離，來建立雙方的連結。別受疏離表象所惑，雖然他不承認（甚至自己也意識不到），但是，疏離者的確盡力保持著與公司的連結，只是表達的方式不同而已。如果疏離型員工對公司感到失望，也會像過度依賴的員工一樣難過，但是，他**感受到的是憤怒，而非憂鬱。**

並非面臨的每一個困難都能克服，但只有面對它，才有機會改變。
——詹姆斯·鮑德溫（James Baldwin）

你的組織關係模式

每個人都以自己的方式與組織建立關係。影響組織關係風格的因素有很多，包括：你對工作的信念、第一份工作的經歷、工作抱負以及所處公司的特點。要記住，組織角色與其他生活角色並不是完全契合的，有些人在職場表現出疏離，而在家庭中並非如此；有些人過度依賴家人，卻不依賴同事。

為了了解自己的組織關係模式，你得花點時間，就目前或近期的工作情況來回答下列問題。當我們談及職場適度依賴的形成過程時，這些回答將有助於你思考目前的狀態，以及未來的狀態。

- **我最喜歡公司的一點是：**
- **我最不喜歡公司的一點是：**
- **我心中的理想主管應該有以下特徵：**
- **我心中的理想同事應該有以下特徵：**
- **我在職場最大的樂趣在於：**
- **我在職場最大的問題在於：**

職場關係中，適度依賴的四種模式

「角色與小團體」和「溝通模式」的特點顯示，家庭與組織很相似，但也有許多不同之處，比如適度依賴的表現方式。職場適度依賴的機會與風險，與家庭的適度依賴不同。

若要形成職場的適度依賴，人際關係必須處理得更靈活。為了在現代職場生存，你必須根據各種人際關係調整自己的行為，並且同時處理好各種衝突的關係。

首先，職場的適度依賴有四種主要模式。

領導關係：與下屬相處

組織中的每一層級都有領導者，而下屬都想得到領導者（無論其職責是什麼）的指導和鼓勵。**優秀的領導者並不是下命令讓他人遵守，相反地，有效的領導會積極與下屬溝通，獲得他人的忠誠、信心和尊重。**因此，你必須激勵下屬，讓他們效法你，或與你一起往目標推進。

下屬關係：與主管建立聯繫

人人都知道有效的領導者需要一定的技巧，卻沒想過做稱職的下屬也需要技巧。**身為下屬不**

是被動的。稱職的下屬會主動與主管建立聯繫，追隨主管，充分地信任領導者。當與主管的看法差異較大時，要自信地表達觀點，一方面尊敬主管，一方面提出建設性意見。

同事關係：正向的人際依賴

組織動力學的研究者發現，**好同事具備兩種關鍵特質：「團隊精神」和「信任」**。「團隊精神」是指將團體利益置於個人利益之前。這裡的「信任」是指，你要相信自己的努力會得到認可與正向回饋。團隊精神和信任會形成正向的人際依賴關係。所謂「正向的人際依賴」，是指適度依賴的同事關係與無私的合作，這種合作使得工作更完善，更有開創性。

指導關係：促進他人成長

有效的指導要促進受指導者在工作上的成長。正如好的父母，好的指導者應該與受指導者保持融洽的關係，為他的成就欣喜，但是**要確保他的成就完全屬於他自己。**指導者還應該與受指導者保持距離，避免過度涉入對方的生活，並且避免出現利益衝突。當雙方的界限模糊時，受指導者的成長會受阻，而指導者還會出現控制對方的情況。

職場的過度依賴與疏離

如下表所示，組織內的過度依賴者或疏離者，
會帶給自己或同事各種傷害。

	過度依賴者	疏離者
典型的潛在角色	好士兵	冷酷的鑽營者
表面行為	不安全感／焦慮感	疏遠／只關心自己
對公司的態度	脆弱／軟弱	不與他人交往／異類
與主管的關係	膽怯，缺乏信心	謹慎，防備
失望的後果	悲傷／憂鬱	憤怒／敵意

把職場的過度依賴，轉變成適度依賴

如果你發現自己在組織中是過度依賴者，那麼你必須克服這種角色，才能形成職場的適度依賴。你需要注意以下事項：

透過其他管道，滿足依賴的需求

有時，問題不在於你太依賴，而是因為你試圖在職場或家庭滿足所有的依賴需求。所以，你要尋找其他管道，從不同公司的朋友那裡獲得指導和支持，這麼做不僅有助於發展健康的職場關係，也拓展了人際圈。下回當同事需要幫忙時，或許會想到要找你。

評估實際風險

你很想把事情做好，這並沒有錯（一般程度的焦慮不僅能使你更專心，還會讓你更有動力）。但是，若因太焦慮、太煩憂而影響工作，那麼你該思考一下自己的抗壓性。要記住，在這個動輒興訟的社會，開除員工，甚至是把員工降職，都可能給公司惹來官司。此外，新人聘雇和培訓的成本不低。當然，公司有時會裁員（但你無法控制這種情況）。

因此問問自己：你會釀成大錯，導致自己被開除的可能性有多高？

●行事從容

當你的過度依賴導致你與同事或主管疏遠時，會危及你的工作。這常常發生在你做事衝動時，比如你非常著急，向自顧不暇的同事求助，為了獲得支持和肯定，你一再去打擾他們。

在你急著向同事求助時，請冷靜下來，捫心自問：找人幫忙，是你為了逃避考驗，還是為了學習新知識和促進自己成長？

若你是為了逃避考驗，請不要這樣做，不值得。但是，如果是出於個人成長的目的，請繼續下去，一方面你會獲得所需的幫助，另一方面將形成適度依賴。

領導是透過鼓勵，而非命令

有效的領導者是透過鼓勵來領導，而非命令。一旦理解了這一點，便明白適度依賴對於優秀的領導者來說多重要。你要花時間與下屬相處，如此就不會壓抑他們，而是能合作，不會脅迫下屬做事，而是讚賞。當主管與下屬和諧相處，彼此就會相互尊重，共同營造出和諧的工作氣氛。

要與下屬和諧共處，並且有效地領導，可以採取以下四種策略。

設定目標

為了設立有效的目標，你必須**先清楚地說明，而且目標要符合下屬的心理需求。**首先，詳盡解釋每項新措施的長遠目標，讓下屬知道自己努力的方向，並說明為了實現目標，每個人應該付出怎樣的努力，使大家理解自己對整體目標的貢獻，同時坦言任務的困難點，大家在受挫時，便不會對目標產生懷疑。其次，設下的目標必須確實可行。建議將長期目標分解成一系列逐一進展的子目標，當完成所有「子目標」，就能達成「總體目標」。這樣一來，員工在完成每一個子目標後，都會強化信心，這也是在提醒他們，個人的努力有助於實現整體目標。

強化動機

保持員工積極度的方法有兩種：一是把大目標分解成子目標，二是設立公平的獎勵機制。當員工感到不公平時，組織疏離就會出現，生產力也會下降。但是最好不要過度強調「金錢」的獎懲機制。研究顯示，領導者過度強調金錢會帶來反效果，降低員工的積極度和對組織的向心力（部分原因是員工更關心獎勵，而不是工作本身）。為了強化員工的成長動機，**必須合理地獎勵他們，記得別畫大餅。**當員工覺得公司待自己不薄，便會與公司建立起情感連結，並且會發自內心地努力工作，而不只是為了錢。

解決問題

有效的領導在處理人際關係時更靈活，尤其解決問題時更是如此。你要營造出相互合作的工作氣氛，鼓勵員工適度地依賴同事。還要定期放下「領導者」的角色，融入下屬當中，與大家一起解決問題，同時也拓展了自己在組織中的人際空間。此外，要強化員工的團隊意識和合作精神，表示自己也願意分擔他們的工作難題，以拉近與員工之間的距離，獲得他們的認可。

以身作則

主動接近員工，要求他們參與決策並給出建議，這種領導技巧非常有用。但是，**說得好不如直接做，不但邀請他們參與，而且要定期地落實他們的意見，可以使員工認為你非常看重他們的建議。**向員工求助，等於親身示範了適度依賴。另外，要激發員工從關係的角度來思考問題，讓他們了解求助並不表示自己無能，一旦形成這種觀念，他們便也會向同事、自己的下屬和主管求助，明白別人不會因此而小看他們的能力。

克服組織疏離：從不健康的憤怒，轉向適度依賴

組織疏離比過度依賴的危害更大，因為疏離常常伴隨著累積的憤怒和怨恨。以下是一些針對組織疏離者的建議，也就是如何將有害的憤怒，轉化為適度依賴。

●思考憤怒帶來的負面影響

有時，人們是在享受生氣的過程，從怨恨中得到快樂，對自己的遭遇忿忿不平。當沉浸在憤怒中，被憤恨蒙蔽了雙眼，人們無法意識到憤怒會危及自己的工作，更別說對個人和家庭的危害了。因此，你需要思考對自己、同事、孩子和伴侶帶來的負面影響，若有需要，可以列個清單。了解憤怒引發的負面後果，便很清楚憤怒是多麼得不償失！

知道憤怒會傷害你，雖然並不表示你會因此而改變，但是正如詹姆斯．鮑德溫所說的，這是重要的開始。

●釐清不滿情緒的根源

有時，我們真的對公司很憤怒，甚至遷怒於主管和其他人（比起真正惹我們生氣的人，我們更容易對不相干的人發火，這個過程稱為「替代」）。

因此，你要捫心自問：「我對工作的不滿情緒，是否反映了我的家庭問題？是不是因為父母為我設定了不實際的目標？比如：『你要在三十歲之前成為CEO，否則你就完了。』」

了解不滿的根源，就知道什麼對自己最重要，而會以較有幫助的方式紓解憤怒。

改變行為，感受也會隨之改變

如果以上兩種方法都沒效，你對組織仍有所不滿，那麼，要試著改變自己的行為。你要表現得更合作，更友善，比如在茶水間跟同事聊聊天，或者共進午餐。有時當你改變了行為，別人也會對你另眼相待。當你和同事之間的工作氣氛更和諧，憤怒的情緒也容易消滅。

下屬要用心，有想法

身為下屬，就是要接受主管的領導，因此當下屬很容易，只需要完全放掉控制感。然而，對於好的下屬來說，最大的考驗是避免過度依賴主管與同事。你不能只是盲目服從，而要用心，有想法。

有心的下屬會以適度依賴的技巧與主管溝通，一方面聽主管的意思做事，一方面也保有自己的控制感，這樣，不僅是個好下屬，也增強了自己的領導能力。

如何與主管相處？如何成為有智慧的下屬？在此提供一些相關技巧。

建立信任

主管只有博得下屬的信任，才能激發其積極度。同樣地，身為下屬，只有讓主管信任自己，他才敢把工作分配給你。主管不是說說而已，必須透過行動贏得下屬的信任，而下屬也要有實際行動，才能贏得主管信任，光靠講的沒用。因此，**你要守信，在做出承諾時要謹慎；準時完成任務，不要找藉口；需要幫助時就求助，別不懂裝懂；公司缺人手時，主動幫忙，不要等著主管叫你。**做到這四點，你與主管之間就形成了適度依賴的關係。你依賴主管，從他那裡獲得指導和方向，主管也依賴你來完成工作目標。

避免出現無助感

身為下屬，為了保持控制感，要以對關係的理解為基礎，重新給自己的角色定位。別以為「在下面的」只能被動地聽指揮，下屬也應該積極地擔起責任。同時，你在情感上也要認可這一點，打破舊有的刻板印象，認清為人部屬並不是失敗，**有下屬，才有團隊。**這有助於你在運用適度依賴的技巧時，一方面保有控制感，同時無論待在哪個位置，都游刃有餘。

勇敢負責

只要是人，就會犯錯。**若逃避責任，將會嚴重影響主管和同事對你的信任，不管你多麼想推卸責任，都要克制住這種衝動。**只要承認自己犯了錯，別提到同事的過失。如果主管直接問你和同事所犯的錯，不要添油加醋或過多解釋，只要陳述事實即可。對於所犯的錯誤，把行為和個人區分開來，那麼要負責可能會更容易。犯過一次錯，不代表你會一直錯下去。

坦誠溝通

事情順利時，你和主管的溝通會很順暢；遇到挫折時，你和主管的溝通可能會出現障礙。在處理問題時要坦率。說話別吞吞吐吐，提意見時避免不痛不癢。與主管或同事意見不同時，要委婉地說出自己的理由。你所提出的例子要簡明扼要，強有力地堅持自己的觀點，但態度別太狂妄。不管結果如何，先做了再說。不要武斷地指責他人的判斷或努力，這樣做只會削弱自己的說服力，讓別人覺得你咄咄逼人。在選擇爭論的焦點時，需謹慎，別去管太細微末節的地方，要關注的是主要問題。並且請記住：**偶爾表達不同意見，會為你贏得尊重；但是，如果你總是在反對，大家就會認為你故意找碴。**

失職的下屬：團體迷思

下列這三個引發嚴重後果的決策，有什麼共通點？

- 美國甘迺迪總統決定入侵古巴豬玀灣（導致美蘇核武軍備競賽）。
- 美國尼克森總統決定壓下水門案（斷送其總統生涯，使他失信於民）。
- 美國國家航空暨太空總署（NASA）決定發射「挑戰者號」太空梭（挑戰者號在升空七十三秒後發生爆炸，機組員無一生還）。

答案：在這三項決策中，主要決策者都感覺到危機逼近，但是，他們不想與團隊產生分歧，於是沒有發表任何意見。

這三個決策是團體迷思（groupthink）的嚴重後果。團體迷思是在群體中抑制不同意見的壓力，人們為了避免衝突，不願表達自己的感受。團體迷思是下屬失職的典型實例，當你決定隨波逐流時，辱沒了當下屬的重要性，也就是：即使與大部分的人看法相反，也要自信地表達自己的觀點。如果NASA的高級研究員勇敢站出來，堅定地反對發射「挑戰者號」，那麼悲劇就不會發生。

提出「團體迷思」一詞的心理學家歐文．詹尼斯（Irving Janis）認為，人們可以採取以下方法，降低「同一性」的壓力，鼓勵不同意見的表達。

- 讓觀點總是標新立異的人加入討論。
- 把群體分成若干小組，讓他們分別思考問題，然後所有人分享彼此的見解（這樣小組成員便會支持自己的組員）。
- 不要公開投票，選擇匿名表決（使人們在表達不同意見時，不會覺得有壓力）。
- 領導者不要過早發言（不使討論有所偏向）。
- 運用腦力激盪的技巧，鼓勵創造性思考。

同事要在「合作」與「競爭」之間，找到平衡點

同事關係的重點就是彼此形成適度依賴，因此，過度依賴者和疏離者往往是不稱職的同事。過度依賴者缺乏安全感，無法卸下心防，真正融入團隊。疏離者則太自私，只考慮自己，不顧團體利益。

如果你過度依賴同事或與同事疏離，可以運用以下四種方法，形成適度依賴的同事關係。

在合作和競爭之間，找到平衡點

老實說，人人都想出人頭地，都想被主管看見，把同事比下去。不受領導者的重視，一方面會影響薪水，另一方面會傷到自尊（正如兄弟姊妹的爭寵）。許多公司只強調競爭，卻忽略合作，使員工認為不僅要做出成績，還得比同事強。雖然這種觀點有些道理，畢竟有機會要把握，但是要知道，**成功不是零和遊戲**。在一個組織中，許多人都有機會升職，只是早晚的問題。當你成功時，樂於分享榮耀；見他人成功，不要吝惜讚美。或許你覺得這麼做會減少你的機會，但事實上並非如此。一方面，經由與主管建立聯繫，你們之間關係融洽；另一方面，由於你認可同事的成就，你與同事的關係也很和諧。而最後獲益的會是你。

延遲滿足

要和同事關係好，還要懂得團隊合作會帶來好處，雖然這些好處有時並非立即浮現。要延後滿足需求也許很困難，但是，這真的是一項重要的職場技能。研究顯示，太過追逐名利會阻礙職場發展。若你覺得自己的貢獻沒有被看見，請先思考一下事實是否如此。如果確實如此，可以找主管談談你最近所做的工作。別糾結在沒有受到關照，而要多聊自己對公司的貢獻，請教主管，你做事是否有疏漏，並表示若有需要，你可以幫忙。牢記自己的談話目的，別偏離主題。**你的目的不是要求主管特殊關照（這具有控制性和依賴性），而是把關注點放在「如何做得更好」，為未來的成功打下基礎。**

對勝負看開一點

沒有人總會贏的，若渴望每一次都勝利，就要準備好接受挫折和失敗的打擊。得不到期盼已久的加薪或升職，可能使你完全陷入負面情緒，覺得憤怒、受挫，心懷怨恨，而且感到難過。當你自怨自艾（這最多持續兩天），你要練習把行為與個人分開來看：失去這次機會，不代表你是魯蛇。若發現自己因憤怒影響到工作，可以與主管談談，問清楚情況。請用我們才剛談過的技巧，**以正面的態度與主管交換意見，而不是埋怨。**聽聽主管怎麼說，來調整自己的行為，那麼，下次的升職必定屬於你。

建立信任

雖然乍聽之下不合理，不過，**有時候失敗是「好事」。**一方面，儘管同事的決定讓你感到不舒服，但你還是接受了，同事會覺得你有團隊精神。另一方面，適切地接受主管的決策，建立主管對你的信任，「存入」信任，以便日後「領取」。做到這兩點，能被他人認為你是個好同事，認可你對組織的貢獻，認為你日後會得到獎賞。而獎賞，將在你耗盡耐心時姍姍來遲。

若你一直沒有得到獎勵，那麼問題不在你，而在公司。正如我們後面要談到的，你可以採取進一步行動，離開這個不健康的組織。

腦力激盪法

最有效的問題解決策略之一，是腦力激盪法。鼓勵組織中的每個人自由發言，在大家都發表完之前，不做任何評論。身為領導者，當你遇到難題時，可以讓同事們進行腦力激盪。奧斯朋（A.F. Osborn）在四十多年前首次推廣這個方法，並建議在使用腦力激盪時，遵守以下四項原則。

- **原則一：不要批評。**在所有人都發表完觀點之前，別下結論。
- **原則二：讓腦力激盪自由發展。**盡可能產生更多觀點，多多益善。
- **原則三：鼓勵冒險。**觀點愈新奇愈好，先別去擔心是否可行。
- **原則四：帶著遊戲的心態。**你可以從現有的觀點為基礎進行延伸，做出回答，或加以扭曲和顛覆，把觀點改造得愈徹底，就愈有創造性。

指導關係的「界限」很重要

要成為優秀的指導者，得承擔起「父母」的角色，促進受指導者成長。指導關係會讓你有許多機會運用適度依賴的技巧，但是與其他職場關係相比較，責任更大，風險更高。以下四種策略，能夠幫助你成為優秀的指導者。

確立行為界限

身為指導者，你有很大的影響力，但是你不能濫用。指導者一開始就要立下自己的行為界限，明定自己可以為受指導者做什麼，不能做什麼，比如可以指導，但不要有特殊待遇，同時也要確立受指導者的行為界限，明定對方可以為你做什麼，不可以做什麼，例如你可以要求受指導者幫助你完成工作，但不能要求對方為你辦私事。一開始就在心中確立行為界限，這很重要，對方不知道你對自己設下的行為界限也無妨，重點是你得在面臨誘惑時，把持住自己。**絕不能允許出現例外狀況，因為一旦越了界，便很難回頭。**

明定指導目的

請你花時間**想清楚自己的「指導目的」**。你希望從指導關係中得到什麼？你會指導這個人，是出於何種目的？如同無私的父母，無私的指導深受尊敬，但是，一開始你要捫心自問：你真的沒有其他目的嗎？你的內心是否想要誘惑受指導者（或者讓他誘惑你）？你指導這個人，是為了獲得影響力？還是為了讓同事難堪？

避免利益衝突

如果你對以上的問題都回答「是」，這說明你當指導者是為了個人利益，而不是協助對方成長。你的指導關係很可能是一種或多種利益衝突相互妥協的結果，非但幫不了他，反而會傷害他。**模糊了雙方的行為界限，對你們彼此的職場未來都不利。**

知道行為界限在何時會變得模糊

一旦出現利益衝突，指導者和受指導者之間的行為界限變得模糊，雙方必然出現牽絆：指導者開始提出非分的要求，比如讓受指導者辦私事；受指導者開始鼓勵指導者依賴他，以強化自己的重要性。雙方甚至趁機發生性關係。至此，**雙方都被套牢，不知不覺地變得相互依賴，造成傷害，利用各種手段來控制對方。**

指導者與受指導者發生性關係，無疑是不道德的，不僅可能斷送雙方的前途，有時也會傷害到家庭。

建立人脈

建立人脈，就是在建立職場關係，無論是對客戶或同事，都可以運用適度依賴的技巧。請參考以下的建議。

● **互利與互惠：**別人給予幫助時，你欣然接受；當別人需要幫助時，你伸出援手。人脈是雙向的，不去維護，關係就會變淡。別說誰應該為誰付出，要互利、互惠，並且多多益善。

● **與人相處不能光靠一張嘴，你得行動：**建立人際關係，光說不練沒有用。請你以行動證明自己。信守承諾。不要有事才上門，平常卻沒消沒息。定期保持聯絡，特別是在你不需要幫助的時候更要如此。

● **理解什麼是適度地相互依賴：**適度相互依賴的人，能夠幫助彼此進步。有時你幫助同事進步，可能使他成為競爭對手，這看起來沒好處，但是從長遠來說，你的善意終會有回報。

● **結交同盟者，也結交對手：**你要與對手、客戶及同事打好關係，如此你的消息靈通，對手也不會暗地裡採取卑劣的手段。此外，今天的對手，有可能成為明天的同事（或主管）。

亞瑟：模範員工，可怕的退休者

亞瑟任職於醫藥研究公司，是老闆心中的理想員工：最早上班，最晚下班。他兢兢業業，負責許多很困難的工作，並且完全沒有野心，安於當一名中階研究者，不像其他人迫不及待地想升到管理階層。

每一個與亞瑟共事過的人都說他安於現狀，打從心底希望別人策劃研究項目，自己只需要正確地完成分配給他的任務。大家都認為亞瑟會在這個職位上做到退休，而事實也的確如此。

只是，這時麻煩才開始。

當日復一日的工作不再繼續，亞瑟失去了人生的意義，覺得孤獨和失落，渾渾噩噩。

他開始頻繁地打電話到實驗室，詢問工作進展……

然後，他順便過去吃午飯……

最後，他上午十點出現在實驗室，說：「只是想打個招呼。」

問題是他不再離開。

亞瑟開始每天露面，在實驗室閒晃，與老同事聊天，套他自己的話說是「遊手好閒」。他沒有造成公司的任何損失，大家也不能說他有什麼錯。但是，幾個星期後，接替亞瑟工作的同事向實驗室主管抱怨，主管則反映給人事經理。

人事經理約亞瑟見面，委婉地對他說，他的出現讓接替他工作的人很為難。「你的出現使研究者分心，影響了工作。」由於亞瑟對公司造成損失，請他最好不要再到實驗室。

亞瑟似乎接受了（但這是因為他不愛抱怨），之後不再出現。當某位同事退休時，同事打電話找他參加聚會，但他說不參加，他似乎很不開心。之後又過了幾年，沒有人知道亞瑟的消息，他連賀卡都沒有寄過。

正如我們將在第十章看到的，不管對於任何人來說，退休都是一種困難的轉變，尤其對於過度依賴者更是。失去歸屬感，以及少了與同事往來，對於以取悅他人而獲得自我認同的人來說，非常困難。

就亞瑟而言，退休是一種負面經驗，或許他不應該退休。但是，即使是對像亞瑟這樣的過度依賴者，退休都不是孤獨和失落。退休期是加深自己與他人關係的時期，而不是破壞。不過，你要循序漸進，小心地使用適度依賴的技巧。

脫離不健康的組織

有時，你表現出色，卻得不到相應的獎賞。這種挫折可能是許多因素所造成，像是：不合理的獎勵機制，領導者太自私，公司裡僧多粥少。無論是什麼原因，你都應該離開。

能夠離開不健康的組織固然值得慶幸，但是，如果能運用適度依賴的技巧，又懂一些人情世故，不但會讓離職更容易，而且能維繫你重視的人際關係。

離職前，建立好人際關係：不要一離職就指責公司的不是。如果你這樣做，前同事會疏遠你，畢竟他們還在那家公司，不想讓壞情緒影響心情。盡量積極地看待工作的轉換，讓同事給你意見，或許剛好有人知道哪家公司需要你這樣的人才。

不要想著報復：報復的念頭，會讓你無法擺脫與舊東家的糾葛。你可能暫時與起報復的想法（每個人都會），然後不了了之。要知道，即使報復，你也未必會贏，所以最好放下憤怒，繼續生活。

把離職談話當作一個機會：有的人在離職談話時，會列舉自己所受的不公待遇和其他人的不是。從短期來看，這會讓你覺得舒服，但是從長遠來說，只會對你造成損失。一方面，你的言談在以後會影響你，因為總會有人傳閒話。另一方面，離職談話是這家公司對你留下的最終印象，將會持續很長一段時間。

下章預告

困境中適度依賴，讓我們更強大

如果你總是杞人憂天，那你會每天提心吊膽。幸運的是，人類天生就有認知迴避策略（心理學家稱為「防衛機制」），使我們能遠離恐懼，保持適度的焦慮狀態。良好的、強大的防衛機制能使人們意識到困難，但不會受困。

別總是憂心「可能」發生的困難，而是在問題出現時，有效地處理。無論計劃多麼周詳，百密總有一疏，這時就要運用適度依賴的技巧，向他人求助，得到幫助和支持，度過難關。若能從別人那裡獲得幫助，人生的危機便難不倒你。你甚至會發現，你因此變得更強大了。

第九章

困境中適度依賴，讓我們更強大

困境會卸掉我們的偽裝，
還原真實的自己，
它既會激發我們的優勢，
也會暴露我們的劣勢，還會放大我們的差異，
凸顯我們的特質。
而彼此適度地依賴，
會幫我們重拾信心和力量。

麥克：「自己一個人，會是什麼感覺？」

麥克本來不是個喜歡沉思的人，但是這次不一樣。他從未獨自生活，上大學時住家裡，後來搬出去跟凱瑟琳一起住。既然要和凱瑟琳分手，那他就不得不獨自生活。

他坐在昏暗的書房裡，思索著今後的日子。自己一個人住，會是什麼感覺？他與凱瑟琳會和解嗎？還是從此各走各的？金柏莉怎麼辦？她會有什麼反應？她是家裡最堅強的，比父母都更冷靜、沉穩。她會因此怪他嗎？

麥克思索著，慢慢望向窗外，驚訝地發現自己雖然在思考未來，卻一點也不憂慮。過去那幾週在他身上起了變化，這種轉變來自於內心深處，他無法解釋。他發現自己的內心很堅強，之前從未意識到這個優點——是否這一直存在，只是他沒有察覺？

當他陷入沉思時，書房門外響起了輕輕的叩門聲。「爸爸。」

「金柏莉，進來吧。」

麥克打開檯燈。「不用，爸爸，別開燈。這樣很好。」

金柏莉走到窗前，麥克又坐回椅子上。她默默地站了一會兒，說：「我從來都不曉得從這裡能看到天空。」她貼近窗戶，想要看得更遠。「我房間的視野都被大樹遮住了。」

「是啊，我以前也從來沒注意到。」

金柏莉一邊看星星，一邊微笑著說：「春天和秋天的景色一定很美。」

她又回頭望著父親，雙眼在昏暗的書房裡閃亮著。「爸爸，情況會好轉的，我是指我們之間。就算我和媽媽住，我還是可以去找你。」

「我希望可以。」麥克回答。

金柏莉望著父親，即使在黑暗之中，他也能看到女兒的眼睛濕了。她才十六歲，但遠比實際年齡更成熟。「我很抱歉，爸爸。」

「不要緊，不是你的錯。」

「我不是那個意思。我只是……難過。我好想要一切回到以前。」

「我也是。」麥克說。

金柏莉回頭望向窗外，正巧有輛車子駛進車道。車子停下，但是沒熄火，車燈也還亮著。她說：「我得走了，梅勒妮在等我，我們要一起去莉亞家念書，明天考化學。」

麥克站了起來。「好，路上小心。十一點前回來，好嗎？」

金柏莉走到父親面前，仰頭看著他。

「當然，爸爸。」她說：「十一點前回來，你放心。」

困境會卸去我們的偽裝，還原真實的自己。它既會激發我們的優勢，也會暴露我們的劣勢，還會放大我們的差異，凸顯我們的特質。

順境時，適度依賴很重要；困境時，適度依賴更是關鍵。遇到挫折或遭受損失時，我們多愁善感，容易生病。研究顯示，處於壓力狀態（特別是慢性壓力）下，人們可能會出現不同的適應問題，小到流感、傷風，大到心臟病，甚至癌症。但是研究也顯示，適度依賴能使我們免受壓力帶來的負面影響，有助於緩解負面情緒，讓我們宣洩憂慮，並感受到他人的支持，知道自己不是獨自在面對。

這一章要談困境中的適度依賴。我們將回顧人生轉變，以及面對失落（loss）與改變（change）的方式，並且探討過度依賴與疏離如何削弱人們的應變能力，以及在困境中，適度依賴怎麼幫助我們重拾信心和力量。

每個考驗的背後，都是機會

人生中有始有終，有得有失。每回驚喜的背後都會有遺憾，每個考驗的背後都是機會。無論是正面或負面的人生轉折，你都要去面對。為了適應新局，必須調整思路，管理情緒，並改變行為。接下來，我們將詳細地分析整個過程。

小練習：透過情緒的疏導，減輕壓力

適度依賴的優勢之一是：提供了表達負面情緒的管道。通過宣洩負面情緒，能釋放積累已久的緊張與焦慮。研究顯示，選擇哪種宣洩方式（比如獨自發洩或向好友傾訴）並不重要，重要的是，你坦白表達自己的感受，尤其是從未表達出來的那些。如果選擇獨自發洩負面情緒，可以嘗試以下的練習。這個練習出自心理學家詹姆斯・佩內貝克（James Pennebaker）的研究。我們在自己的研究中也運用過，效果很好。

你只需要準備紙、筆或電腦。接下來，你要做的是：

- 在一張白紙（或空白文件檔）上，描述發生在自己身上的挫折或創傷，近期的或過去的都可以。
- 重要的是，清楚地描述你在事件發生時和發生後的感受，以及事件對你有什麼影響。盡量生動地描述細節，直到沒有遺漏為止。
- 寫完之後，重讀一遍所寫的內容，確保已詳盡描述了你的經歷。

研究顯示，定期完成這個練習，能減輕壓力、提高免疫力，並改善健康狀況。釋放負面情緒有助於身心發展，為了更理解這一點，請繼續看下去。

壓力反應

學者用「壓力」一詞，形容人們面對變化時產生的身體反應與心理反應。壓力並不是指外來的，而是內心感受。對於人類來說，變化意味著危險，面對意外事件時，我們感受威脅，於是心跳加快，呼吸急促，手心冒汗，體驗到典型的壓力反應。加拿大學者漢斯・塞利（Hans Selye）在五十多年前首次發現了壓力反應：一旦威脅消失，身體就會恢復原有的平衡狀態，心跳變慢、呼吸正常。但是正如塞利所發現的，身體回復到正常運作，需要耗費能量，這是一個主動的過程。因此**壓力狀態，尤其是長期的慢性壓力，會消耗我們的心力和能量，使我們容易生病。**

正向壓力與負向壓力

多數人認為負面事件會導致壓力，但事實上，**任何重要的生活事件都可能產生壓力。**離婚，你會感到緊張；結婚，你也會產生焦慮。因成績差而退學，會讓你煩躁；成績優異畢業，同樣也令你不安。研究者區分了消極壓力（負向壓力）和積極壓力（正向壓力），結果發現無論我們經歷哪種壓力狀態，生理反應大多相似。

考驗與機會

雖然有些人主動迎向壓力（如特技跳傘運動員、極限運動員），但大部分的人會盡力迴避壓力。研究顯示，無論你是「追求挑戰」還是「迴避考驗」的類型，**在成功去面對之後，你的信心都會增強，實力也會變強。**耶魯大學的研究者詹姆斯・泰布斯（James Tebes）發現，面臨父母過世的年輕人，在失去親人幾個月之後，自信心增加了，自我意識增強了。後來研究者發現，戰勝癌症和受過性騷擾的人也出現相同的模式。這些結果顯示：經歷創傷會增強一個人的實力。說明了考驗背後其實是機會。克服困境，就能從經驗中獲得成長。

面對失落的三個階段

身體並不能辨識正向壓力或負向壓力，但是，頭腦可以做出區分。從心理學家的角度看，負面事件無疑是最大的考驗。當我們失去珍視的東西時（比如情人、工作或夢想），都會出現相同的反應過程，一般可分為以下這三個階段。

> 危機鍛造生活。你會從危機中發現自己。
>
> ——艾倫・K・查姆斯（Allan K. Chalmers）

悲慟與哀傷

有時，我們對這兩個詞語不加區分，但事實上，它們具有不同的含義。

●悲慟

指個體在失去珍視的東西之後，出現即刻而又短暫的反應。這種感受在悲劇發生後很快出現，具有反覆易變的特點。悲慟常常出現在反應的第二階段，人們通常會感到渾渾噩噩，但又痛苦不堪，懷疑自己能否熬過去。在事件發生後的幾個星期內，悲慟會漸漸消失。

●哀傷

出現得較晚，持續時間較長。這是學習如何面對失落的深層過程（反應的第三階段）。正如一百年前佛洛伊德指出的，哀傷以極度的空虛感為特徵，這說明：哀傷不僅是由於外在的失落而感到痛苦，而且是由於同時失去了部分自我（這部分自我與我們失去的外部事物緊密相關）。這就是為什麼哀傷更嚴重，我們不僅失去了珍視的東西，還失去了一部分的自我。

第一階段：短期反應

在失去重視的東西之後，人們會立即出現短期反應，一般而言，許多人會持續幾大到幾個星期。包括了三種反應：認知停滯、情感退化和社交退縮。

認知停滯

失去生命中重要的東西，一時擊潰我們的防衛系統，因此，我們會畏縮或自我封閉。心力都花在面對眼前的痛苦，無法清楚思考，因而出現了「認知停滯」，**這是一種精神麻木的狀態，是使個體不會被痛苦壓倒的本能反應。**

情感退化

認知停滯之後，接著就會出現情感退化。**為了自我保護，我們會做出類似幼兒的行為**，哭個不停，或出現兒時的舊習慣（玩頭髮或咬指甲）。甚至還會出現類似幼兒的感受，如同四歲時一樣需要擁抱與撫慰。

社交退縮

在認知停滯和情感退化之後，會出現退縮行為，表現得**不願與他人接觸**。這個過程叫作社交退縮。退縮行為的輕度表現是與他人保持距離，多數時間獨處。極端情況下，會出現嚴重的生理退縮，像是臥床不起，絕望而無助，吃不下也睡不著，陷入痛苦而無法自拔。

第二階段：從混亂到平靜

進入反應過程的第二階段，我們就開始自我恢復：積聚心理能量（認知與情感的能量），轉換思考角度（理解所發生的事情），回顧事件情境（從痛苦中學到經驗）。

積聚心理能量

這可能會持續幾天到幾個星期，有時可能更久，但是，大多數人最終會重新振作。首先，人們會嘗試，直到有足夠的心理能量進行清晰的思考。**這是關於積極反應的準備階段。**

轉換思考角度

積極反應首先要做的是轉換思考角度，我們必須**換一個角度來想問題**，正向來看事情（比如：「至少她不會再受傷。」），**重新解釋當時的行為**（例如：「不全是我的錯。他自己也有問題。」）。

回顧事件情境

之後，我們會回顧事件發生的情境，思考自己所失去的，拉開一段距離來看這個事件，思考是否與過去的事件有關。**藉由回顧，我們會重新獲得控制感，接著才有辦法檢視當初的選擇和發生過的事情，這有助於為以後的生活找到方向。**透過回顧事件情境，我們從第二階段的初步恢復，進入了第三階段的長期恢復。

第三階段：長期恢復

當我們有自信能度過這個危機時，便來到反應的第三階段：長期恢復。長期恢復會持續幾年，而不只是幾個月。無論時間長短，這階段都包括三個時期：重新振作、重新定位與重建關係。

重新振作

當我們從失落中發現意義時，就會再次振作，重拾信心，發現新機會。記住，**不要操之過急**地迫切要重振精神。時機一到，這個時期自然會出現。你要知道「欲速則不達」的道理。

重新定位

在經歷重大失落之後，一切都在改變：世界變了，我們變了，事情已經發生了，就無法回到從前。因此，長期恢復階段的一個**重點是重新定位，尋找新的生活意義。**

重建關係

在認知上重新定位之後，還要建立起情感聯繫。首先，我們要檢視內心，**與自己重建情感連結**，重拾信心，重獲生活體驗。接著，轉向外部，**建立起人際連結**——而這需要我們卸下心防，坦露自己脆弱的一面，重新建立對他人的信任。

過度依賴者和疏離者：比較兩者在面對壓力時的弱點

每個人都會對一些事件（比如所愛的人過世）感到悲傷。而有研究顯示，過度依賴者和疏離者各會對不同的負面事件起反應，也就是說，他們的弱點不同。藉由了解你的人際關係類型和容易令你苦惱的事件，可以事先做好準備，減少這些負面事件的影響。

較讓過度依賴者苦惱的事件是：

- 人際衝突（比如與朋友爭執）。
- 關係破裂（比如與情人分手）。
- 不情願地被推到主管的位置。
- 改變工作環境（即使會升職）。
- 在沒有伴侶幫助的情況下，獨自撫養孩子（比如在離婚後）。

較讓疏離者苦惱的事件是：

- 與陌生人往來。
- 情感交流（促膝長談）。
- 不得不與別人合作。
- 體檢和住院（不得不與他人有近距離的接觸，以及失去控制感）。
- 家人遇到麻煩，因此不得不與他人交涉（比如孩子在學校打架）。

班傑明和莎拉：一對夫妻，兩種危機反應方式

班傑明和莎拉的婚姻生活幸福美滿，從許多方面來說，都是理想婚姻。他們各有自己喜歡的工作，有一個令他們驕傲的女兒瑞秋。九歲的瑞秋希望長大後能像父親一樣從事電腦工作。

班傑明與莎拉的關係模式非常契合，不是因為他們兩人有多麼完美，而是夫妻之間剛好互補。班傑明以自我為中心，他的疏離風格使他不太關心家庭，沒怎麼把瑞秋的教養問題放在心上。然而，疏離卻讓他在職場如魚得水，他要求下屬工作出色。莎拉則具有無助、過度依賴的關係模式，有時這使她工作表現不佳，卻讓她非常適合家庭生活。因此，莎拉和班傑明在婚姻中各

取所需。

五月的某個週三下午，莎拉接到了學校校長的電話——這通電話，打破了班傑明和莎拉的平靜生活。校長要莎拉趕緊打電話給丈夫，盡快趕到醫院。他說，瑞秋出了車禍……

有時，事情牽一髮而動全身，如同瑞秋的過世。起初，夫妻倆努力想忘掉這件事，讓日子繼續過下去。對於瑞秋的去世，班傑明既不想深思，也不想多談。莎拉試著配合他，但是隨著時間流逝，她的悲慟有增無減。最後，她決定向心理師求助。

針對莎拉的治療進展得很順利。由於她具有無助的、過度依賴的關係模式，所以她在治療時很配合。她對心理師敞開心扉，願意聽從建議。治療的重點放在培養莎拉的適度依賴技巧，使她能依靠他人，進而獲得支持，建立新的人際關係，並加強舊有關係。

透過治療，莎拉逐漸克服了悲慟，但是她長久以來對丈夫的怨恨情緒開始浮現。隨著治療的進展，莎拉要班傑明也參加，但是他拒絕了。莎拉百般乞求，他依然我行我素。對於班傑明來說，表達感受（尤其是令人不快的脆弱感受）的後果是非常可怕的。他不想（或說是不能）參加治療，這樣可能使他失去控制感。

在瑞秋去世後，兩人共同生活了一年多，但是最終還是離婚了。莎拉定期接受治療，逐漸解決生活中的問題，克服了生活與工作上的挑戰。離婚三年後，她再婚了，丈夫有兩個十來歲的孩子，她對他們照顧得無微不至。莎拉過起了比前一段婚姻更健康的新生活。

先是女兒走了，不久，妻子就和他離婚……但是，班傑明很快把這兩件事拋諸腦後，全心投入工作，不斷升職。然而在女兒過世四年後，他選擇了自殺。

由於我們與他失去了聯繫，無法得知是什麼原因所導致。我們只能猜測，班傑明的自戀式疏離——不願建立情感連結，也不願對孩子去世表達悲傷的情緒，最後毀了他。

過度依賴者面臨的困境

就像疏離一樣，過度依賴也讓人們很難度過反應的初期，因為他們太依賴，而很難（有時是無法）獨自面對問題，在不知不覺中，慢慢地形成過度依賴模式，變得無助、自哀自憐，還會出現以下的問題。

誇大感受

如果一個人遇到問題就是去求助，他在面對壓力時的下意識反應便是進一步地找人幫忙，往往會誇大自己內心的痛苦，以獲得他人回應。有時，這在短期內會奏效，但是從長遠來看，將付出巨大的代價。首先，**提供幫助的人可能會因此離去**，因為時間一久，他就識破了這種伎倆。其次，**誇大自己的痛苦只會感覺更糟**。研究顯示，當人們假裝苦惱時，即使一開始是裝的，後來也會弄假成真。我們的情緒會隨著行為而發生變化。

惡性循環

不斷地誇大自己的感受，會導致惡性循環：**你愈感到焦慮，便會愈誇大痛苦；而愈誇大痛苦，將使你更焦慮，如此循環。**也就是說，當我們誇大的痛苦感受得不到他人回應時，為了得到別人照顧，我們會更努力假裝，而一旦這種行為獲得回應，下一次會變本加厲。不斷誇大自己的痛苦，會使幫助者遠離，這又引發了新問題：我們與幫助者的關係惡化，導致自己真的需要協助時，得不到支持，這只會使情況變得更複雜。

慮病症

在壓力狀態下，**疏離者可能會身心失調，過度依賴者則會出現慮病症的症狀。**所謂「慮病症」是指：個體由於情緒低落和心理混亂而想像出來的病症。慮病症並不是假裝有病，而是比如被壓力擊垮的人真的覺得自己生了病，檢查後卻發現無異常，只是自己的臆想。有時，職場上的慮病症會表現為全身痠痛，頭昏眼花，噁心嘔吐，關節僵硬，總是覺得累。當然，為了謹慎起見，如果你感到身體不適，不要就認定是壓力引起，還是應該上醫院做檢查。

受人利用

過度依賴者有受人利用的風險，幫助者可能有意或無意地濫用權力。這種過程是在不知不覺中發生的，但一般分為兩個階段：首先，**幫助者開始輕視受助者**，認為受助者脆弱無能，像個孩子，愛操控人；其次，**幫助者開始利用受助者的弱點**，提出非分要求，濫用自己的權力優勢。極端情況是，當幫助者嚴厲斥責受助者的軟弱時，這種利用可能演變成情感虐待，甚至是身體虐待。

醫療系統的過度依賴與過度使用

慮病症有時會導致人們因為根本不存在的疾病而就醫——過度依賴者總想向他人求助，即使沒有生病也常看病。我們做了長達十五年的研究，結果發現，過度依賴與過度就醫存有一定的關聯性。

- 過度依賴者的就醫次數是普通人的三倍，約見私人醫師的次數是普通人的六倍。
- 過度依賴的住院患者接受會診的次數是普通患者的兩倍，開藥方的次數比病症相似的普通患者多了一半。
- 與病症相似的適度依賴型患者或疏離型患者相比，過度依賴型患者的住院時間較長。
- 在非診斷時間裡，過度依賴型患者與醫師的相處時間較長，虛報「狀況緊急」的次數較多。

疏離者面臨的困境

正如班傑明的悲劇，疏離使人無法獲得他人的支持，無法好好度過困境。疏離者會持續處於壓力狀態，緊張情緒不斷累積，無法進入反應的第三階段。疏離會造成以下四種反應問題。

反覆思索，深陷其中

如果不和他人談論自己的痛苦，疏離者會胡思亂想，痛苦事件在腦海裡揮之不去。反覆思索是重獲控制感的一種方式，但在此時，這方法也沒用。事實上，疏離者愈思考，會感到愈痛苦，深陷其中，更覺得六神無主。這時，疏離者一般會做出的反應還是——反覆思索！這種情況會持續數週，有時好幾個月。但是，**由於他的思維只在原地打轉，無法發現問題的根源**。反覆思索並不能讓疏離者深入看見真相，也不能使他卸下包袱。事實上，這只會使他陷在反應的第一階段，認知停滯。

孤獨，退縮

在反覆思索的同時，疏離者體會到**更強烈的焦慮和內疚，甚至會出現社交退縮，不與周圍的人往來**。當退縮行為發展到極致，便表現出自閉：不僅遠離他人，而且與世隔絕，根本不關心周遭的事情。疏離者會不按常理來思考問題，與外界脫節。若是任由這種情況繼續發展，還會出現怪異的表現，比如誤判別人的意思，忘記約會和承諾。壓力不斷累積，影響面日益擴大，最後，工作與家庭生活也大受影響。

情緒鬱積

一九七二年，哈佛大學的研究者彼得・西弗涅斯（Peter Sifneos）提出情感失語的概念（alexithymia，字面意思是無法以言語表達感受），描述疏離者對壓力與失落的下意識反應。西弗涅斯觀察到，即使不斷地反覆思索，疏離者也無法描述自己的內心狀態。即便他們很想這麼做，也難以表達。他們情感失語，無法感知內心世界的情緒、希望、想像和渴望等，結果陷入惡性循環：**退縮行為使他表達不了感受，而由情緒鬱積所引發的焦慮感，增強了退縮的念頭。**

身心失調

情感失語使疏離者容易身心失調。身心失調不是臆想的病症，而確實是身體疾病。這種疾病有一部分是壓力和焦慮造成的。潰瘍、頭痛、高血壓和心臟病，都與累積的壓力和負面情緒有關。身心失調一旦出現，就難以控制。表達負面情緒固然有助於加以控制，但是，**還需要接受治療以減輕身體病徵。**

從過度依賴的觀點，看人際壓力與社會支持

長期以來，科學家都認為，社會支持能夠緩解壓力對過度依賴者造成的負面影響，但是直到一九九五年，研究者才獲得了相應的數據佐證。我們要求健康的年輕人連續三個月，寫日記記錄重要的生活事件（包括正面事件與負面事件），以及社會支持（與朋友、家人及戀人的關係），並追蹤他們的健康狀況。結果發現：

- 承受高度人際壓力（指人際衝突與關係破裂）的過度依賴者，比人際壓力中等的過度依賴者有更高的患病率。
- 社會支持使過度依賴者免受壓力的負面影響，即使經歷了大量的人際衝突，具有較強社會支持的過度依賴者，患病率較低。

面臨危機時，適度依賴的優勢

適度依賴能讓我們以不同方式好好地面對失落：與他人分享負面情緒，但不會覺得懦弱（情緒協助能力）；向他人求助，而不擔心被小看（對關係的理解）。適度依賴增強了我們與他人的連結（關係彈性），建立人際關係，幫助自己度過現在和未來的難關（成長動機）。

讓我們進一步分析適度依賴在困境中的優勢。

釋放負面情緒

研究顯示，表達負面情緒能夠消除憂鬱，強化免疫系統，有助於防止生病，促進身體機能修復。你可以向家人、朋友或陌生人傾訴，也可以選擇不同的傾訴方式，像是把感受寫下來，這跟說出來一樣有效。**你要做的就是完全釋放情緒：坦白地描述自己的感受，不要隱瞞。**

共同承擔

適度依賴不僅提供了情緒宣洩的出口，也給了我們暫時從挫折中抽離的機會。研究顯示，長期處於壓力狀態的人，會從暫時的「休息」中獲益，大大地轉換心情，較少生病。**即使這種休息只有一到兩個小時，也足以讓身體恢復，重新蓄積能量，準備面對困難的任務。**而在心理上，休息，能幫助我們重拾信心，重新面對承諾，積極地看待挑戰。

獲得資源

以適度依賴的方式求助，有一個好處是：**他人會提供一些資源，更有助於我們面對失落和**

改變。在這種情境下，有用的資源可分為兩種：事實資訊和經驗資訊。事實資訊是關於某一事件（例如疾病）的客觀數據。經驗資訊則更主觀、更個人化，是他人過去面臨相似問題時的經驗。而與事實資訊（通常是認知信息）相比，經驗資訊有助於我們面對問題時，展現更感性、更私密的一面。

建立人際連結

在困境中，適度依賴的最後一個好處是：可以讓你**建立新的人際連結**。當面臨出乎意料的挑戰時，你不僅可以即刻獲得幫助，還可以創造人際連結，進而得到所有你需要的幫助。這些新連結也提供你一個機會去幫助其他人，這也是適度依賴另一個重要的意義。建立人際連結是一個很好的例子，說明了我們如何能將難關轉化為動力，創傷如何轉變為力量。經歷了失落，不僅使我們成長，還獲得了未來迎向其他挑戰的信心。

困境中的適度依賴：為了現在和未來，建立好人際關係

無論你的關係模式是什麼，要做到在困境中適度依賴他人，需要付出很多努力。你必須使用

適度依賴技巧，以加強與他人連結，獲得所需協助，並準備為他人提供支持。以下是六種有效的策略。

策略一：選擇求助時機

不要在別人忙得不可開交時求助，最好等到對方不忙了再開口。這時，他會更容易接受你的請求，暫時放下自己的事情，仔細聽你說。

策略二：學會變通

別人提供的幫助是「他們認為你最需要的協助」，但不一定是你想要的。如果朋友提供的幫助並不奏效，你也不要惱怒，轉向風格適合你的人求助即可。

策略三：對他人的幫助，表示感謝

接受協助時，你要表示感謝。但是，感謝要適度，太客氣會使人厭煩，還會讓關係疏遠。

策略四：既要助人，也要接受幫助

如果你只受不施，人們會遠離你。學會「雪中送炭」，若幫過你的人有困難，你要主動提供協助。

策略五：清楚地表達自己的要求

即使是最了解你的人，也不是你肚子裡的蛔蟲。你要清楚地說出自己的要求。這可能有點尷尬，但能使你獲得想要的協助。

策略六：選擇求助的對象

不是所有人都願意提供幫助與支持，所以你要選擇「向誰求助」。假如朋友是疏離型的，當你有許多情緒包袱時，就不應該找他。

九一一事件

二〇〇一年九月十一日，美國華盛頓、紐約和賓州發生了恐怖攻擊事件，幾個小時之後，我們就接到媒體來電，他們想知道：心理學家如何幫助人們度過這場危機？我們的基本建議既簡單又直接：在這場災難中，人們需要重建人際關係。

九一一事件令人感到如此悲傷和恐懼，許多人出現情感畏縮，下意識地保護自己免受焦慮和恐懼。

隨著情感上的畏縮，人們還會經歷認知停滯的心理麻木狀態，因此，許多人無法相信九一一事件真的發生了，認為那只是場噩夢。

我們已經知道，自我封閉不是好事。經歷悲劇，我們需要與他人建立連結，度過難關，宣洩情緒並逐漸平復。

因此，我們建議人們要依靠關係親近的人，主動獲得支持，並呼籲人們幫助面臨困難的人，鼓勵人們傾訴苦痛，談論感受，直到不再有情緒包袱為止，以及學會傾聽，讓他人也能向我們傾訴。

下章預告

適度依賴，老後幸福

如果你所有的資訊都來自於媒體，你會覺得衰老就是慢慢步入死亡。熟齡期是各項機能下降與衰退的時期，視力模糊，反應遲鈍，記憶力衰退，身體虛弱。社會忽視老人，明確地說老了無用，沒有任何價值。因此，在西方社會中，許多老年人說他們非常孤獨，自尊心低落。

熟齡期無疑是挑戰，尤其是在崇尚年輕的文化裡，然而，也是機會。為了家庭與工作，你曾放棄了某些興趣，減少與某些人相處，現在，你可以重新培養興趣，與朋友重建感情。年紀漸大，智慧和經驗也不斷增加，你要善用智慧與經驗，以適應不太接納老年人的社會環境。柏林自由大學的瑪格麗特・巴特斯（Margaret Baltes）從事熟齡化研究，發現許多老年問題是社會期待所致，而非身心機能下降引起。「文化暗示」是一大關鍵：當社會認為老人會感到無助，並表現出無助時，老人就會做出相應行為。若我們不是過度地依賴他人，而是適度依賴，那麼，我們的熟年生活會怎樣呢？是否會更幸福、更健康呢？

研究證實了這一觀點，我們將在第十章來談「適度依賴」與「成功的熟齡化」。

第十章

適度依賴，老後幸福

隨著年齡的增長，
人漸漸洞悉世事，
卻更加看不清自己。

媽媽：「愛倫，不用跟我道歉，我很高興你打電話來。」

愛倫和同事參展，在鳳凰城待了四天，過得非常愉快。這個城市很有趣，她去了從沒吃過的餐廳，大家都很友善。這些年來，她第一次感受到與同事相處多快樂。她比過去任何時候都覺得放鬆。

下午研討會休息時，她打電話回公司。她每天都會打一次電話給泰瑞莎，了解公司的情況，對緊迫的問題做出決策。

鈴響第二聲時，泰瑞莎就接起來了。一聽她的聲音，愛倫就知道她要說什麼。

「沒有可報告的事情。」泰瑞莎說：「公司一切都好。」

她的回答和過去幾天一樣。這幾天，愛倫每天都聽到類似的回覆，但是今天聽到泰瑞莎說「公司一切都好」時，她大笑了起來。她好驚訝，自己居然笑了。

愛倫在談公事時總是很嚴肅，但她今天的反應太奇怪了，泰瑞莎好訝異，她問：「我說錯什麼了嗎？」

愛倫慢慢地平復下來。「對不起，泰瑞莎，只是這聽起來很有意思。」

「什麼事情有意思？」

「聽到你說一切都好，沒有可報告的事情。以前這常常讓我感到困擾，而現在……」

「現在怎樣？」

「我很高興。我真的很高興你這麼說。」

「太好了！」

愛倫的語調變得神祕起來，又像是在開玩笑。「泰瑞莎，如果我現在去游個泳，你覺得如何？」

「開玩笑的吧？你有帶泳衣嗎？」

「沒有。」

「那你最好別去吧。」

「我是這麼想的……」

「說吧。」

「下次我會記得帶泳衣的。」

講完電話，愛倫仍然覺得精神很好。她約了同事出去小聚，但是六點鐘才下樓碰面，所以時間還很充裕。

該做什麼好呢？

她想出去散步，可是外面開始飄小雨。去游泳的念頭又冒出來，她想打電話問問飯店的商店有沒有適合的泳衣，接著又決定不打了。雖然她覺得很輕鬆，但也不是全無拘束，畢竟這裡還有許多生意夥伴。

突然，她想到自己該做什麼了。她翻著手提包，最後掏出一張紙條，她迅速撥通電話，以免自己改變主意。

對方的聲音聽起來疲憊而難受。

「媽。」

「是愛倫嗎？」

「是我，媽。你怎麼樣？我想你。」

「想我？你不是在鳳凰城嗎？」

「是啊，今天會議結束得早，我想和你聊聊天。」

「喔，這可是你第一次想跟我聊天。」

「好像是。我不常打電話給你吧？」

「對。」

「我很抱歉，媽，我想我應該跟你道歉。」

「愛倫寶貝，不用跟我道歉。我很高興你打電話來。」

愛倫原本在床前來回踱步，現在坐了下來，和母親聊起開會的事情，母親則告訴她復健的進展。聊了半小時，愛倫在床上躺成一個大字形，完全沉浸在與母親的對話中。

當她正講到早餐時發生的事，突然瞥到床頭櫃上的時鐘。

「媽，我要遲到了，都不知道我們聊了這麼久。我要去樓下見朋友了。」

「去吧，愛倫，開心玩。很高興你打電話來。」母親剛接電話時的鬱悶一掃而光，現在她的聲音聽起來快樂又有活力，似乎年輕了二十歲。

「我到家後會打電話給你。我明天離開。」

「好。愛倫……」

「嗯？」

「我們應該常通個電話。」

「會的，媽媽。我保證。」

隨著年齡增長，人漸漸洞悉世事，卻更加看不清自己。

——法蘭索瓦．拉羅什福柯（François de La Rochefoucauld）

常識小學堂：熟齡化及影響

使老年人不能適度依賴的障礙有兩種：誤解和刻板印象。許多人認為熟齡期是機能下降與衰退的時期，於是，一種「自驗預言」出現了：老人變得過度依賴或疏離，因為他們覺得「這是必然的，自己毫無選擇」。

讓我們思考一下老後生活，下列哪些說法是正確的？

- 人到了七十五歲時，在各方面的記憶力便開始衰退。
- 八十歲以上的老人之中，大約有百分之二十住安養院。
- 生活滿意度會隨著年齡增加而降低，尤其是在七十歲以後。
- 在六十歲之後，神經元（大腦細胞）的死亡率明顯增加。
- 人老了，會變笨。

不管你是否相信，以上說法都是錯誤的！

事實是：

- 某些類型的記憶完全不受年齡影響。比如：已經完全學會的事情是不會遺忘的。
- 八十歲以上的老人之中，只有百分之十住安養院。
- 神經元的死亡率與年齡無關（雖然老年人的神經連結比年輕人少）。
- 有部分智力會隨著年齡的增長而提高。

隨著我們漸漸變老，會更加依靠人。在東方文化中，人們認為這是老了不可避免的正常情形。但是在西方社會，老後的依賴，象徵著脆弱和失敗，老年人要為此感到羞愧，所以不應該表現出依賴，還得極力否認這一點。

的確，人到老後，偶爾需要有人幫忙做一些以前獨自能做的事。老人需要依賴他人嗎？這一點毫無疑問。問題是「如何依賴」。我們可以選擇老後不適度地依賴（常常表現為過度依賴或疏離），也可以選擇適度依賴。適度依賴能夠讓你自信地迎接挑戰，與幫助你的人友好相處。

這一章將關注適度依賴與成功熟齡化。先比較成功熟齡化與失敗熟齡化的差異，接著探討如何運用適度依賴的技巧，使老後的日常過得積極而有活力。

失敗的熟齡化：舊問題重現

我們兒時形成的角色會持續多年，個性特質或許會變，但是核心的關係模式基本上穩定了。過度依賴者一開始依賴父母，後來依賴伴侶，最後依賴孩子和其他照顧者。疏離者則發現隨著年齡增長，他們的疏離狀態仍持續。

人們步入老年，會經歷「去抑制」（disinhibition）的過程，天性和行為傾向都變得更明顯。「去抑制」是由於老年人的大腦結構和功能出現細微變化，干擾人抑制衝動的能力，因此，與人相處的特有方式不僅會持續一生，而且會隨著年齡增長而變得更突出：年紀愈大，適度依賴者會變得愈依賴，而輕度疏離者會出現更強烈的退縮行為。四、五十歲時運作良好的關係模式，可能在七十歲之後帶給你嚴重的問題。

老後的過度依賴

過度依賴者懷疑自己的能力，因此年老是極大的打擊。他們愈來愈渴望依賴他人，於是出現以下這三種問題。

無助感

許多人極度恐懼自己變得大不如前。因此，有些人會為老後的缺陷找理由。**「我不能」是過度依賴者的口頭禪，也是面對每個考驗時的下意識反應。**想要改變反應方式是非常困難的，過度依賴者常常會回到老習慣，誘使別人做自己不敢做的事情。

退化現象

老年人和兒童一樣，都需要依賴他人來完成基本的生活所需。一生都過度依賴的人會在老後出現退化，即重新出現兒童期的行為——雖然這些行為在熟齡期與兒童期的意義完全不同。**即使過度依賴的老年人能夠自理，也仍然會不斷地表現出無助、孩子似的行為，求得他人幫助。**最初，退化行為能得到別人的支持與協助，但是過一段時間之後就會產生反效果，即使是最犧牲奉獻的照顧者，也會對此感到挫敗和憤怒。

假性失智

研究者早就發現，人們表達需要和恐懼的方式與年齡相符合。例如，無法以言語表達焦慮感的孩子會說自己身體疼痛，像是「我的胃很痛」，反映了他體驗到的焦慮。

然而，老年人的典型表現是「假性失智」。

當過度依賴的老人變得焦慮或憂鬱時，可能會出現假性失智的症狀。他們不會直接求助，而是表現出「與年齡相符」的症狀，這樣無須開口，就能獲得別人幫助。假性失智的常見症狀是記憶力下降，思維混亂，說話顛三倒四。

由於假性失智的症狀與一些疾病（如早發性失智）的症狀相似，所以需要對老年人有豐富評估經驗的心理專家，經過仔細診察才能發現。若你照顧的老年人（例如父母或年老的伴侶）出現類似失智的症狀，應該先做正規檢查，以確定症狀是神經功能受損引起的，還是老後的依賴所導致。

矛盾情結

過度依賴者面對老後的失落時，**自我認同的問題會再次出現，過去「依賴」與「獨立」的衝突也再度產生，使人出現無法預料的行為。**青少年矛盾情結的表現是心情時好時壞，過度依賴的老年人則表現出不一致的反應模式，例如在醫療問題上求助他人，卻堅決不接受任何財務方面的建議。這種相互矛盾的行為模式會使照顧者感到迷惑，進退兩難，感到老人家一邊拉近他們，一邊又把他們推遠。

老後的疏離

隨著疏離者開始面對死亡的問題，下意識的反應是退縮，退到自己的「保護殼」裡，過程可分為三個階段。

切斷聯繫

許多疏離者對老後的反應是切斷與關係密切的人的聯繫，疏遠朋友和家人。**這種情況常常從退休時開始發生**，疏離者不再上班，失去日常的社會連結，慢慢變得孤立無援。有些疏離者為退縮行為找藉口，認為與別人往來「太麻煩」。但是對於另一些疏離者，這並非出於本意，而是因為患病、面臨失落以及缺乏目標而沮喪，變得退縮、孤僻。

反抗

有些疏離者在老後出現退縮行為，另一些人則出現相反的行為模式，變得易怒。他們對自己的缺陷感到惱火，嫉妒健康、有活力的人，即使是最簡單的挑戰，也能讓他們心生怨忿。

他們憤怒地遠離別人，只是為了掩飾心中的孤獨與恐懼，不僅是在他人面前，對自己也如此。

後悔

心理分析學家艾瑞克森認為，「靜心內省」是老年人的重要任務。

透過內省，許多疏離者發現的是自己錯失機會，而不是獲得成功，內心更失落，體驗不到成就感。他們會覺得自己虛度青春，總是做出失敗的選擇。更糟糕的是，如今年紀大了，沒有時間重新來過。

他們會經歷艾瑞克森所說的「老年期絕望」，**這種絕望深入內心時，疏離者可能認為任何鼓勵和支持都毫無價值，說什麼都為時已晚。**

幫助受照顧者，擺脫過度依賴或疏離的行為模式

若受照顧者陷入過度依賴或疏離的行為模式，不要感到挫敗，你要幫助他擺脫過去的反應方式，找到新的方法來處理。以下是一些有用的策略。

重新定義情境

你對事物的定義，會影響你對它的看法。若疏離的受照顧者不願加入某個團體去認識新朋友，要告訴他，這是為了「培養新的嗜好」。如果過度依賴者沒有你的幫助，就不敢出門買東西，最好不要說「你自己去」，而要說「幫我個忙」或「幫我去買東西」。重新定義令受照顧者恐懼的情境，他就更容易嘗試去做。

舉出以往的例子

有時讓人們回憶起過去的成功經驗，能增強信心，幫助他們下決心面對新挑戰。因此，要讓受照顧者回想起那些他們一開始很怕，最後卻克服困難的經歷，或者換一種角度，讓他們回想起自己曾經鼓勵你去嘗試的事。受照顧者在遇到新挑戰時，回想起自己曾給過別人的建議，能產生正面影響。此外，這還能帶給他安撫，因為你聽過他的建議，說明他的話對你有用。

實際表現在行為上

如果言語不起作用，可以直接行動。實際有行動，讓受照顧者看到儘管你也怕，卻毫不退縮，並且必須多幾次這樣的行動。加上說明自己嘗試冒險時的感受，說服力會更強。你要描述，當決定冒險時，你是多麼憂慮，而克服恐懼時，你心中又是多麼開心。看到別人克服困難，這對許多人都會是鼓勵。

強化適應性行為

正如我們在第九章所說的，有時不是感受決定行為，而是行為決定了感受。透過獎勵的增強作用，鼓勵受照顧者冒險，一旦去試了而且沒有失敗，他們也就不再恐懼。獎勵並不一定要多大，比如微笑、點頭稱讚、輕拍肩膀等小鼓勵，都有助於形塑行為。

反其道而行

若以上的策略都不奏效，你可以反其道而行：想要受照顧者做出某種行為，那就鼓勵他做出相反的事。運用這種反向策略其實是在冒險，他可能會說「好啊」卻不去做。但是，對於面對挑戰搖擺不定又有反抗心的人來說，這方法非常有效。假如你說「你不能這麼做」，會讓他們非常惱火，就會做出你阻止的行為，只為了證明你錯了。

葳瑪和艾爾：從順從、憤怒到虐待，破壞性的祖孫牽繫

葳瑪是個不友善的過度依賴者，控制欲極強，經常表現得歇斯底里。大部分時候，葳瑪過度依賴的對象是丈夫艾爾，而艾爾逆來順受，對妻子百依百順。漸漸地，兩人共同促成了特殊的夫妻模式：葳瑪掌握控制權，而艾爾放棄了控制權的回報是他的某些行為得以不受約束。他幾乎每晚都酗酒。

但是，葳瑪和艾爾的生活中發生兩件事，打破了這種脆弱的平衡。第一件事是艾爾得了糖尿病，健康狀況不佳，達不到葳瑪的許多要求。第二件事是葳瑪的關節炎惡化，導致她行動不便。葳瑪的依賴要求變本加厲，而艾爾對她的要求力不從心。

幸運的是（或許也是一種不幸），葳瑪和艾爾有一個孫子艾迪，他也是過度依賴者。艾迪盡心照顧祖父母，他住得離祖父母很近，而他們倆無法自理家務，連洗衣和購物都很難，艾迪主動承擔起大部分的日常家事，每天下班後都會到祖父母家。日子一天天地過去，艾迪愈來愈投入照顧者的角色，最後他把其他的生活放一旁，所有空閒時間都和兩老在一起，包括週末。

悲哀的是（這一點早有預料），艾迪愈努力地照顧他們，祖孫關係卻愈緊繃。他做事總是「馬馬虎虎」、「漫不經心」，根本無法讓完美主義的葳瑪滿意。艾迪開始生怨，但他無法直接表達憤怒，即使在與我們的治療中也是如此，相反地，他否認自己對祖父母有任何負面情緒。對於他們不友善或控制人的行為，艾迪都會幫忙辯解，認為「他們無法控制自己」或「的確像他們講的那樣」。我們試圖幫助艾迪感受到潛藏的怨恨，但只是讓他更加抗拒。

不久，他的憤怒鬱積，開始以多種形式顯現。他偶爾會忽視祖母的求助，故意讓她等很久，以重新獲得控制權，比如假裝自己離得較遠，聽不見她的聲音。他變得不願說話，只用一、兩個詞回應他們的問題，阻礙了雙方進一步的交流。某個星期六，葳瑪在廚房弄灑了一鍋義大利麵醬汁，艾迪終於爆發了！他大發雷霆，粗暴地對待祖母，抓住她的手用力把她從爐子旁拉開。於是他意識到再這樣下去，最後他會做出虐待老人的行為。

葳瑪也發現了這點。她企圖利用艾迪的過錯使他內疚。其實就算她不這麼做，艾迪也非常內疚。但他沒有繼續受祖母控制，而是以此為契機，改變長期以來的不良相處模式，他終於意識到這種模式害人害己。他決定不再獨自承擔照顧者的責任，堅持要祖母請看護每天照顧他們幾個小時。艾迪每週會抽出一、兩天的晚上幫忙，但是他不再對祖母有求必應，重新恢復了健康的生活。

諷刺的是，艾迪限制了自己的照顧行為，和祖父母的關係反而有了改善。過了一段時間，他們逐漸形成新的適度依賴關係。葳瑪的控制欲仍然很強，艾爾一直都是逆來順受。而為了多留點時間給自己，艾迪限制了自己的照顧行為，使自己能體諒祖父母而不是怨恨，進而容忍他們的要求。他成為更好的照顧者，葳瑪也學會了降低自己的依賴要求。

困難之中，孕育著機會。——愛因斯坦（Albert Einstein）

成功的熟齡化：優勢和適應

「成功的熟齡化」並不是指全靠自己，或者極力否認生活中的失落。相反地，成功的熟齡化意味著在面對老後的挑戰時，你要盡量拓展優勢，無論你的優勢是什麼。因此，葳瑪和艾爾的晚年是個反面例子，他們更執著於舊有的行為模式，然而，這種行為方式已經不適合老後生活了。

葳瑪和艾爾不應該繼續維持現狀，而是應該盡快做出兩種轉變，這兩種轉變對於成功的熟齡化非常關鍵。

首先，他們要接受自己的角色轉變，才會適應自己的新角色，而不是抗拒。其次，他們應該努力加深與他人的連結，才能得到所需的幫助，迎向老後的挑戰，而不是逃避。

如果你就像艾迪一樣在照顧年老的親人，那麼你的任務是促使他們完成這些轉變。這樣不僅是為親人的成功熟齡化做準備，也是替自己未來的成功熟齡化做好準備。

接受自己的角色轉變

要接受自己的角色轉變並不容易，整個老後生活都要練習以下這三點。

退出職場：退休的挑戰

我們是以工作定義自己。沒人會說「我的工作是教師」或「我的工作是當律師」，而是說

「我是老師」或「我是律師」，因為我們把自己與工作視為一體。退休，打亂了原來的節奏。我們不僅失去了收入，失去了地位，失去了朝九晚五的職場生活，而且失去了一部分自我，也就是部分的自我認同感。為了成功地熟齡化，我們必須**慢慢地退出職場，放棄自己的職業認同感，而不在這一過程中迷失自己。**在退休後，有些人會找到職場第二春，例如當顧問，有人則把心力放在曾經因家庭和工作而放棄的事情，比如自己長期忽視的愛好和興趣。

回歸家庭：家長制

退出職場的同時，我們回歸家庭。在許多文化裡，人們都認為老人家是家裡的領導者，但是在某些背景之下，尤其是崇尚年輕的文化情境，老人家要在家中樹立權威不容易。年紀大了，言行必須值得家人尊重，讓家人關心你，聽從你。你會發現**溫言勸說、以身作則，比強迫威脅更管用。**一些長者利用財富在親人之間形成影響力，對於質疑其權威的親人，會有意無意地威脅要剝奪繼承權。最好別這麼做，也許這能讓你在短期內控制住親人，但是從長遠來看，你會失去他們的敬愛和尊重。

生活節奏發生了變化

接受自己的角色轉變，還要認知到老後的生活節奏發生了變化。從某種意義上說，老後的生活節奏放緩，不僅是由於工作要求降低，還反映了當我們年紀大，身體機能會自然下降，肌肉鬆弛，視力模糊，聽力減弱。人們會適應這些能力的失去，但是無法重獲。一些人享受無紛雜事務的沉靜老後生活，有的人則覺得節奏變慢，缺少刺激。如何找到適合你的平衡點？**可以適度地做一些讓你保持能量和活力的事情，但不要讓自己忙得沒有放鬆休息、體會生活樂趣的時間。**

補償性依賴

有時人們在某方面表現得更依賴，是為了維持或提高在其他方面的自主性，心理學家稱為「補償性依賴」。這是因為人們在某方面提高了自主，需要透過增強其他方面的依賴來補償。

補償性依賴是健康的，會促進人們的適應與成長，所以要留意：若老年人的某種行為表現得更依賴，不要反應過度。先分析情況，考慮他在這方面的依賴是否促進了其他方面的自主，若是如此，不妨給予鼓勵，這便是適度依賴。

舉一些例子：

- 一個老人要求接送，是為了去橋牌俱樂部（參加嗜好團體），與他人建立連結。
- 一個老人要求協助他付帳單，這有助於他控制自己的財務狀況（自尊和財務獨立是相伴而生的）。
- 一個老人要請家庭看護，為了控制自己糖尿病的病情，盡可能獨立生活。

加深與他人的連結

如同「接受自己的角色改變」一樣，加深與他人的連結也是畢生的過程，但是這不會自然出現。一個人要付出努力才能加深與他人的連結，尤其是在晚年，包括以下這幾點。

全新的視角

「移情能力」會隨年齡增長而提高。「移情」是指一種對他人處境的深層理解，畢竟年紀大了，經歷了生活的風風雨雨。隨著歲月流逝，我們漸漸懂得小成就也很重要，執著於一時失敗無濟於事。身體微恙、收益受損、人際關係中不可避免的小摩擦……隨著見識和經驗增加，這些都不再困擾我們。雖然對於大多數人來說，移情是隨著年齡自然增加的能力，但是我們不能想當然地這樣認為。相反地，**我們太容易陷於年老時的失落，看不到自己已經擁有的。**如果這種情況出現，唯一的辦法是排開悲觀，從現實角度去看：後退，深呼吸，正確地看待事情。

分享知識和經驗

要達到成功的熟齡化，需要與別人分享知識與經驗。分享知識並不表示強加於人或者以此控制他們。**你的分享方式，和分享的內容一樣重要。**很久以前，教育專家就了解有效的教育要使信息符合他人需求，重新組織你要說的內容，與他人的親身經歷產生共鳴，無論分享對象是大人或小孩都適用。為了使分享更有效，要採取別人能夠理解的交流方式，讓別人不僅理性上能理解，感性上也能體會。你要找到稍縱即逝的「關鍵期」。關鍵期是教育的黃金時期，人們不僅具備基本素質，而且渴望獲得指導和鼓勵。

接受他人幫助

老後生活是接受幫助與回饋的時期。許多人覺得自己寧願去幫別人，也不願接受協助，但是，成功的熟齡化意味著你要適度地接受幫助，真誠地感謝對方，這份感謝要讓他感覺良好，而不是使他困窘。無論是載你去看醫生的實質協助、友情上的社交協助，幫你付帳的經濟協助，或者讓你依靠、伸出援手的情感協助，都可以。重要的是，你得到援助是為了適應生活，而不是退縮。年紀大了，要基於對關係的理解來思考問題，提醒自己：**接受幫助並不是說你不能自立**。一旦理解這點，你的成長動機就會增強，你會藉著所獲得的協助來面對生活的挑戰，增強與周圍的連結。

照顧者的壓力

如果你在照顧生病或年老的親人，要提醒你：照顧者的壓力是很嚴重的問題，這種壓力可能影響到你生活的各層面。

研究顯示：在居家照顧者中，百分之六十的人說他們有嚴重的憂鬱症；超過百分之二十的人表示，擔任照顧者帶來很大的壓力。

為了盡量減少這種壓力的影響，你可以用適度依賴的技巧獲得幫助和支持，但是同時也給予別人幫助和支持。以下是一些有用的策略。

●不要獨自面對

你可以獲得正式（已有的支持團體）和非正式的支持（關心你的朋友或同事）。感到脆弱、無助時，運用適度依賴的技巧釋放累積的情緒，有需要時，可以尖叫或哭泣。透過多重管道，可以獲得所需的事實資訊和經驗資訊來度過困境。

●從照顧中，暫時抽離

正如第九章所談到的，即使是在照顧別人後進行短暫的休息，也會為照顧者的身心健康帶來許多好處。有些人必須照顧患重病或認知受損的老人家，這種「休息」對他們來說尤其有用。休息讓你重獲能量，重拾照顧的信心，進而你不會被擊垮、大發脾氣和感到挫敗，也不會做出或說出後悔莫及的事情。

利用所有可用的資源

有時，人們不願接受慈善機構和政府機構的幫助，為此還找到許多理由，包括：「爸爸從不接受救濟。」「許多人比我們的處境更糟。」這些都只是藉口。適度依賴意味著既要接受幫助，也要給予幫助，因此，為了使你能更好地照顧他人，請利用身邊的一切可用資源。

照顧自己

在照顧別人時，我們有時會忘了照顧自己。請暫停對受照顧者百依百順，給自己留出一些私人時間，你也許會為此感到內疚，但無論如何，你一定要這樣做。可以選擇散步、看電影，或與朋友共進晚餐，這能減輕自己的壓力，也更能再去好好照顧他人，你會變得更有耐心和理解力，更寬容，更積極。

不要苛責自己

人沒有完美的，即使是最犧牲奉獻的人，偶爾也會犯錯。別被所犯的錯擊倒。找到犯錯的原因：是理解有誤？壓力？還是一種習慣？一旦知道原因，設法改變，下次就不會犯相同的錯。

老後的適度依賴：化可能為真實

接受自己的角色轉變，加深與他人的連結，就是營造了成功熟齡化的環境。但是，要讓老後的適度依賴化為現實，還要做到以下幾點，能提高自主性，增強與他人的連結。

多多吸收資訊

老年人有許多資源和協助能運用。有的人可能認為自己不老，而假裝不需要幫助，這既不誠實，也會讓自己感到挫敗。為了學習與成長以達到適度依賴，我們是需要接受協助的，到圖書館也可以，上網也行，能**獲得所需資訊，而一旦有了這些資訊，就要好好運用。**

照顧自己的身體

年紀漸大，也會有更多健康問題。照顧好自己的身體，一方面能控制現在病情的進展，另一方面能降低患其他疾病的風險。找醫師、營養師、物理治療師等專家做諮詢，訂出對健康最有利的計劃，並盡力實行，別遇到困難就退縮。如果吃了不該吃的食物，或者延誤了安排好的練習，**別多想，繼續下去就好。**

打造自在的生活環境

研究顯示，打造了自在生活環境的老年人，活得更健康、更開心。因此，當你準備改變周遭環境以適應自己的需求時，放下顧慮吧！有的老年人喜歡獨居，儘管得搬去住在交通不便的小屋子也樂意；有些老人則需要社區照顧或其他的幫助形式。**不要讓自尊心妨礙你，去選擇對你最好的生活環境。**在日常的生活瑣事上求助他人是成功熟齡化的一部分，這並不表示你沒用或者不行。

與世界保持連結

你會發現在退休後很難保持與他人往來，因此，必須額外付出努力。你有了更多空閒，可以旅行，這能使長期的人際關係散發活力。如果還沒有學會上網，這正是開始學習的好機會，收發電子郵件並不難，即使軟體再複雜，一個新手用一下午的時間也能掌握。若你調動不了一些可用的資訊，不了解當下發生什麼事，那就落伍了。有研究顯示，**熟齡網民的在線時間比年輕網民還長。**

傳授知識

不管在任何年紀，教人與指導別人都是令人開心的，年紀大了更是如此。**藉由傳授知識，不但是幫助了別人，並且能帶給人成就感和自信，加深你與他人的連結。**這種透過傳授知識獲得的信心，讓你更容易接受別人提供的其他幫助，而不會感到自己脆弱、沒用。

分配財產

這一點對每個人都很重要，**不要等到只剩最後一口氣了才進行。**在活著的時候著手，不但能將遺產稅減到最少，並且能直接體會到這份慷慨帶來的好處。若你還沒著手進行，抽空與金融顧問（最好是有執照的理財規劃師）討論，為財產分配做計劃。

發現生命的意義

艾瑞克森說得很好：「生命末期是反思與回顧的理想時期。」**每天花點時間來看看你的成敗得失，別太在意那些錯誤，但也不要忽視。**透過省思來發現生命過程的意義。當你記述自己的人生歷程時，會訝異自己原來做過這麼多事。即使你不打算給別人看，也把自己的經歷寫下來吧，有時，這麼做有助於發現自己忽視的生命意義和連結。

實現夢想

年紀大了，是你實現夢想的最後機會。許多人放棄了喜歡做的事情，像是旅行、寫詩、去想去的地方，在年輕時，以為老後有時間去實現。我們要告訴你的是：**「現在」正是實現這些夢想的時候！如果不從今天開始去做，你永遠也無法實現。**

摩西婆婆（Grandma Moses，一八六〇—一九六一）

退休後再培養新嗜好，你覺得太遲了嗎？

來看看美國的素人畫家「摩西婆婆」吧。

她在七十歲時開始畫油畫，從此醉心於繪畫二十多年，總共創作了一千六百多幅油畫，這是多麼令人讚歎的成就！

她做得到，你怎麼會做不到？

【結語】將適度依賴融入生活的每一天

飯後，愛倫和麥克姊弟倆終於有了機會獨處。在小房間裡，兩人關上房門，深深沉入沙發，感受寂靜。

愛倫轉頭看弟弟，發現他閉著眼睛。

「麥克。」

「嗯？」麥克慢慢地回應，似乎很放鬆。

「我做了個決定。」

「嗯……什麼決定？」

「我準備把媽媽接到我那裡住一段時間。」

麥克睜大眼睛看著姊姊。「愛倫，你是認真的嗎？你為什麼要這樣做？你知道她現在有多麼脆弱，她需要很多照顧。」

愛倫坐直了身子，說：「我知道，但是這不成問題。我想照顧她。」

「為什麼？」

「我覺得這是我們一起生活的最後機會。」愛倫凝視著沙發上方的某個角落。「這些年，我錯過了許多感恩的機會。」

麥克笑了笑。

「我知道你在想什麼，麥克。我也決定了其他的事情。」

「什麼事情？」

「我決定減少工作量。」

「哇！」麥克睜大眼睛。「真的是你嗎？」他坐了起來。「愛倫，你確定你不是被外星人附身？」

愛倫輕輕地笑了。「沒有，確實是我。我只是……重新認識到了人生的優先排序。」

麥克點點頭。「這對你來說是好事。」

「我想說……你看，和我一起工作的人多優秀。我信任他們，覺得是該放手的時候，讓他們承擔一些責任。」

麥克沒有說話。

愛倫說：「無論如何，這是我的感受。我希望這對你來說也好，我是指媽的事。」

「當然。」麥克說，他思考了一下。「我覺得她一定會非常驚訝。」

麥克看著姊姊。愛倫緩緩地點了點頭，輕輕笑了，麥克看到她臉上出現了久違的神情，就像從前兩人一起玩時，她常出現的滿足表情，那時只有他們倆在房子後面的木屋裡玩。他已經很多年沒有看到這種表情了。有多久呢？三十年？四十年？

麥克沉入沙發，思考他剛聽到的決定。一開始思考，就進入了半夢半醒的狀態。愛倫看了他一會兒，感到很親切。她累了，但她還有件事情想說。

「麥克。」

「嗯？」

「我對凱瑟琳的事情感到非常遺憾。」

他抬了一下眼皮。「喔，好，謝謝你。」

「你還好吧？」

「當然，我是說我會好的。我們倆的關係來到瓶頸，需要重新開始。」

「喔。」

「我們覺得有些事情必須去做，兩人都是。」

「喔。」愛倫猶豫地問：「你不害怕？」

「嗯……確實會怕，我和凱瑟琳在一起好多年了。」

「但你似乎對這件事釋懷了？」

「是。我是說，我知道以後可能會有困難。但能怎麼辦？事情總會過去的。」

愛倫透過百葉窗的縫隙看著夕陽的餘暉，天色漸暗。

「麥克。」

「嗯？」

「如果你想找人聊聊，打電話給我，好嗎？」

「好。」他輕輕地回答。「我會的。」

兩人漸漸睡去，緊挨著對方，蜷縮在椅子上，睡得很熟。

＊＊＊

在這本書的結尾，我們來回顧一下最初提出的觀點：適度依賴是畢生之路，是歷經多年不斷發展的過程。你所使用的適度依賴技巧，也會伴隨你的成長而改變，因此，適度依賴就像生活一樣：永不停止，永遠變化。如有需要，請重溫本書的某些章節，並且記住以下這五個原則。

享受過程

有時候，我們只想著終點，卻忘記享受過程。目標清楚並沒有錯，但是要記住：過程與終點同樣重要。即使無法達成自己設定的每個目標，你也努力過。

調整方法，適應自己的風格

我們在本書中討論過的原則僅供參考。去運用對你最有用的策略，調整成符合你的需要。這些方法並非無往不利，而是創造一種可以增強適度依賴技巧的環境。

不求完美

每個人都會犯錯，偶爾還會迷失。錯誤不可避免，並且代表你在進步，接受新考驗而非故步自封。事先想到自己可能會犯錯，可以從錯誤中學習成長。

對他人的缺點要寬容

這是人類的一種本能：當我們找到信仰時（如宗教、政治觀點、個人哲學），會想要影響他人，改變他人。你要勇敢地分享你的看法，但是，別急著去改變對方。別人不一定會和你一樣做出改變。他們也許正處於改變的轉捩點，也許不是。要不要改變取決於他們自己，並不是你。

活到老，學到老

一旦你接受了適度依賴的方法，當成是自己的一部分，將發現每一天都有成長和積極改變的機會。把新挑戰看成是運用適度依賴技巧的機會。若你活到老，學到老，將發現不僅有助於和其他人建立連結，而且與自己的內心更貼近了。

國家圖書館預行編目資料

適度依賴：懂得示弱，學會從信任出發的勇敢／羅勃・伯恩斯坦博士（Robert F. Bornstein PH.D.）、瑪麗・朗古蘭博士（Mary A. Languirand PH.D.）著；石孟磊、歐陽敏譯. ——初版.——臺北市：寶瓶文化, 2019.8 面；公分.——（Vision; 183）
譯自：HEALTHY DEPENDENCY：Leaning on Others Without Losing Yourself
ISBN 978-986-406-165-5(平裝)
1.依賴性格 2.人際關係

177.3 108013357

Vision 183

適度依賴——懂得示弱，學會從信任出發的勇敢

作者／羅勃・伯恩斯坦博士（Robert F. Bornstein PH.D.）
瑪麗・朗古蘭博士（Mary A. Languirand PH.D.）
譯者／石孟磊、歐陽敏

發行人／張寶琴
社長兼總編輯／朱亞君
副總編輯／張純玲
資深編輯／丁慧瑋　編輯／林婕伃
美術主編／林慧雯
校對／丁慧瑋・陳佩伶・劉素芬
營銷部主任／林歆婕　業務專員／林裕翔　企劃專員／李祉萱
財務主任／歐素琪
出版者／寶瓶文化事業股份有限公司
地址／台北市110信義區基隆路一段180號8樓
電話／(02)27494988　傳真／(02)27495072
郵政劃撥／19446403　寶瓶文化事業股份有限公司
印刷廠／世和印製企業有限公司
總經銷／大和書報圖書股份有限公司　電話／(02)89902588
地址／新北市五股工業區五工五路2號　傳真／(02)22997900
E-mail／aquarius@udngroup.com

法律顧問／理律法律事務所陳長文律師、蔣大中律師
如有破損或裝訂錯誤，請寄回本公司更換
著作完成日期／二〇〇三年
初版一刷日期／二〇一九年八月
初版二刷日期／二〇一九年八月二十三日
ISBN／978-986-406-165-5
定價／三四〇元

愛書人卡

感謝您熱心的為我們填寫，
對您的意見，我們會認真的加以參考，
希望寶瓶文化推出的每一本書，都能得到您的肯定與永遠的支持。

系列：Vision 183 **書名：適度依賴——懂得示弱，學會從信任出發的勇敢**

1.姓名：＿＿＿＿＿＿＿＿ 性別：□男 □女

2.生日：＿＿年＿＿月＿＿日

3.教育程度：□大學以上 □大學 □專科 □高中、高職 □高中職以下

4.職業：＿＿＿＿＿＿＿

5.聯絡地址：＿＿＿＿＿＿＿＿＿＿＿＿＿＿＿＿＿＿＿＿

聯絡電話：＿＿＿＿＿＿＿＿ 手機：＿＿＿＿＿＿＿＿

6.E-mail信箱：＿＿＿＿＿＿＿＿＿＿＿＿

□同意 □不同意 免費獲得寶瓶文化叢書訊息

7.購買日期：＿＿ 年 ＿＿ 月 ＿＿日

8.您得知本書的管道：□報紙／雜誌 □電視／電台 □親友介紹 □逛書店 □網路 □傳單／海報 □廣告 □其他

9.您在哪裡買到本書：□書店，店名＿＿＿＿＿ □劃撥 □現場活動 □贈書

□網路購書，網站名稱：＿＿＿＿＿＿ □其他＿＿＿＿＿

10.對本書的建議：（請填代號 1.滿意 2.尚可 3.再改進，請提供意見）

內容：＿＿＿＿＿＿＿＿＿＿

封面：＿＿＿＿＿＿＿＿＿＿

編排：＿＿＿＿＿＿＿＿＿＿

其他：＿＿＿＿＿＿＿＿＿＿

綜合意見：＿＿＿＿＿＿＿＿＿＿＿＿＿＿＿＿＿＿＿＿＿＿＿

11.希望我們未來出版哪一類的書籍：＿＿＿＿＿＿＿＿＿＿＿＿＿＿

讓文字與書寫的聲音大鳴大放

寶瓶文化事業股份有限公司

（請沿此虛線剪下）

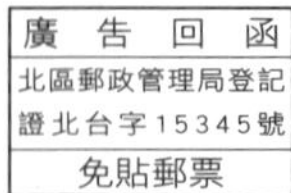

寶瓶文化事業股份有限公司 收

110台北市信義區基隆路一段180號8樓

8F,180 KEELUNG RD.,SEC.1,

TAIPEI.(110)TAIWAN R.O.C.

（請沿虛線對折後寄回，或傳真至02-27495072。謝謝）